本丛书得到何东先生独资赞助

This series of books is financially supported exclusively
by Mr. Eric Hotung.

20世纪中国文物考古发现与研究丛书

古代玺印

曹锦炎／著

文物出版社

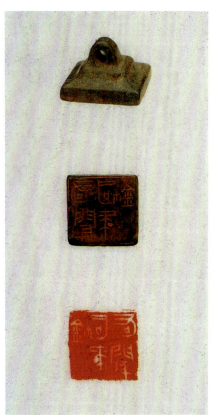

一　战国齐右门司马钵

二　秦邦司马印

四　三国魏率善羌佰长印

三　汉关中侯印

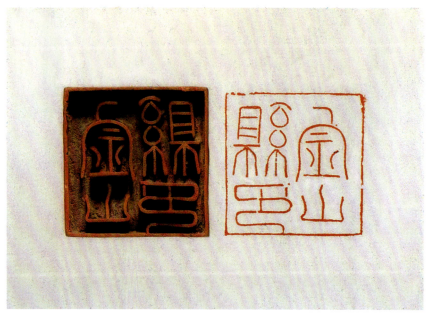

六 南明督理台温钱粮兵马兼澥(海)防三关吏部院关防

20世纪中国文物考古发现与研究丛书

序 / 张文彬

    俗称"锄头考古学"的田野考古学的诞生以及中国考古学学科体系的基本完善，由此而引起的古物鉴玩观赏著录向科学的文物学的转变，是20世纪中国学术与文化界的大事。它从材料与方法两个方面彻底刷新了持续了数千年之久的中国古代史学传统，不但为中国学术界和文化界开拓出更加广阔的研究天地，也为一切关心中华民族悠久历史和灿烂文明的人们不断地提供了可贵的精神滋养和力量源泉。

    仰古、述古、探古，进而考古，向来为我国传统文化中一个明显的学术特点。先秦时期诸子百家发其端，汉代司马迁撰写《史记》，北魏郦道元作注《水经》。他们对相关的遗迹遗物，尽可能地做到亲考察和调查，既能辨史又可补史。这种寻根追源的治学态度，为后世学术上的探古、考古树立了榜样。此后，山河间的访古和书斋式的究古相继开展，特别是对古器物的研究，成了唐、宋时期的文化时尚。不少学者热衷于青铜铭文、碑刻、陶文、印章等古文字的考释，进而有了对器物的辨伪鉴定、时代判断、分类命名等，逐渐兴起了一门新的学问——金石学，涌现出许多著名的古器物鉴赏家和收藏家。只是囿于当时的历史条件，金石学家们无法了解所见文物的出土地点和情况，也难以涉及史前时代漫长的演进历程，因而长期以来始终脱离不了考证文字和证经补史的窠臼。即使如此，他们的艰辛努力和取得的成绩，还是为推动我国传统文化的发展起到了积极作用，并且在事实上也为中国考古学和中国文物学的起步铺设了最早的一段道路。

20世纪初，近代考古学由西方传入。中国学者继承金石学的研究成果，学习并运用西方考古学方法，开始从事田野考古，通过历史物质文化遗存，探寻和认识古代社会，揭示人类社会发展规律。早在1926年，中国学者就自行主持山西南部汾河流域的调查和夏县西阴村史前遗址的发掘。随后，我国学者同美国研究机构合作，有计划地发掘周口店遗址，发现了北京猿人。从1928年起至1937年，连续十五次发掘安阳殷墟遗址，取得了较大收获，引起了国内外学术界的重视。自20世纪50年代以后，随着国家大规模经济建设的进行，田野考古勘探、调查和科学发掘工作在全国范围内蓬勃有序地开展，许多重要的典型遗址和墓地被揭露出来，重大发现举世瞩目。它们脉络清晰，层位分明，文化相连，不仅弥补了某些地域上的空白，而且衔接了年代上的缺环，为研究中国古代史、文化史、科学史以及其他学科领域，提供了珍贵、丰富的实物资料，极大地影响着人文社会科学诸多学科专业的研究与发展。这段时间被学术界称为中国考古学的黄金时代。在马列主义理论指导下，具有中国特色的考古学理论体系和方法论逐渐形成。有关研究成果不仅极大地改变和丰富了人们对中国文明起源、中国古史发展等重大问题的认识，同时也扩展了中国文物的研究领域和研究方式。可以说，考古学的发展与进步，直接影响到文物学的形成与发展，而且影响到全社会对文化遗产重要作用的认识以及世界学术界对中国古代文明的重新认识。

从20世纪80年代开始，文物界就中国文物学的创立，逐渐取得共识，在共同探讨的基础上，初步形成了学科体系。不少学者发表了有关论文，出版了专著，就文物的历史价值、科学价值、艺术价值以及在社会主义的物质文明与精神文明建设中如何对文物进行有效保护、合理利用发表意见。这些研究成果已获得学术界的赞同。

在这世纪之交和千年更替之际，对中国考古学和中国文物事业作一次世纪性的回顾和反思，给予科学的总结，是许多学者正在思考和研究的问题。如果能通过梳理20世纪以来重大发现和研究成果，透视学科自身成长的历程，从而展望未来发展的方向，以激励后来者继续攀登科学高峰，无疑是一件很有意义的事。为此，经过酝酿、商讨和广泛征求意见，我们约请一批学者（其中有相当多的中青年学者）就自己的专长选择一个专题，独立成篇，由文物出版社编辑出版一套《20世纪中国文物考古发现与研究丛书》，并以此作为向新世纪的献礼。

从某种意义上说，《20世纪中国文物考古发现与研究丛书》是一套学科发展史和学术研究史丛书。其内容包括对20世纪考古与文物工作概况的综合阐述；对一些重要的考古学文化和古代区域文化研究情况的叙述；对文物考古的专题研究；对重要的文物考古发现、发掘及研究的个例纪实。

此套丛书的内容面广，而且彼此关联。考虑到各选题在某些内容上难免会有重叠或复述，因此在编撰之初，我们要求各选题之间互有侧重，彼此补充，以期为读者了解 20 世纪中国考古学和文物学的发展提供更多的视角。

我国的文物与考古工作，虽在 20 世纪得到了迅速发展，但仍有许多重大学术问题需要进一步探索。我们主持编辑这套丛书，除了强调材料真实，考释有据，写作态度严谨求实外，也不回避以往在工作或研究上曾经产生的纰漏差错和不足之处，以便为今后的工作和研究提供借鉴。虽然我们尽了很大努力，但限于水平，各篇仍很难整齐划一。由于组稿和作者方面的困难和变化，一些计划之中的题目也未能成书。这些不周之处，敬请专家、学者和广大读者批评指正。

在丛书编印过程中，我们得到了文物、考古界的广泛支持。何东先生在出版经费上给予了热情帮助。在此，一并深表感谢。

2000 年 6 月于北京

目　　录

一　中国玺印的起源 …………………………… 　1

二　出土文物上的古代用印遗迹 ……………… 　12
　（一）古代封泥 …………………………… 　14
　（二）器物上的印记 ……………………… 　23

三　战国古玺及其国别研究 …………………… 　34

四　古玺与古玺文字研究 ……………………… 　51

五　秦印和秦封泥 ……………………………… 　62

六 两汉和新莽印 ……………………… 72
（一）西汉印 ……………………… 73
（二）新莽官印 ……………………… 85
（三）东汉印 ……………………… 90

七 魏晋南北朝印 ……………………… 103
（一）三国和两晋印 ……………………… 104
（二）十六国和南北朝官印 ……………………… 114

八 隋、唐、五代印 ……………………… 125

九 宋、辽、西夏、金印 ……………………… 147
（一）两宋印 ……………………… 148
（二）辽代印 ……………………… 159
（三）西夏印 ……………………… 165
（四）金代印 ……………………… 167

十　元代印和明、清官印 ·········· 185
　（一）元代印 ·········· 186
　（二）明代官印 ·········· 194
　（三）清代官印 ·········· 200

十一　元末以来农民军官印 ·········· 209

十二　图像印、民族印和宗教印 ·········· 221
　（一）图像印 ·········· 222
　（二）民族印 ·········· 225
　（三）宗教印 ·········· 232

　参考书目 ·········· 244
　后　记 ·········· 247

插 图 目 录

一　新石器时代的陶印模 ················· 5

二　殷墟出土的"亚禽"印 ················· 5

三　西周铜质双联印 ················· 9

四　西周铜质图像印 ················· 9

五　封泥 ················· 16

六　纸或丝织品上的朱色印文 ················· 22

七　陶器上的玺印痕迹 ················· 26

八　"日庚都萃车马"铜玺 ················· 30

九　战国楚玺 ················· 37

一○　战国齐玺 ················· 42

一一　战国燕玺 ················· 44

一二　战国三晋玺 ················· 48

一三　秦印和秦封泥 ················· 65

一四　西汉官印 …………………………………… 77

一五　西汉私印 …………………………………… 84

一六　新莽官印 …………………………………… 89

一七　东汉官印 …………………………………… 94

一八　东汉私印 …………………………………… 97

一九　三国官印 …………………………………… 107

二〇　两晋官印 …………………………………… 110

二一　魏晋六面印 ………………………………… 113

二二　十六国官印 ………………………………… 116

二三　南朝官印 …………………………………… 119

二四　北朝官印 …………………………………… 120

二五　隋代官印（一） …………………………… 127

二六　隋代官印（二） …………………………… 128

二七　唐代官印（一） …………………………… 130

二八　唐代官印（二） …………………………… 132

二九　唐代官印（三） …………………………… 133

三〇　唐代官印（四） …………………………… 135

三一　唐代官印（五） …………………………… 137

三二　唐代私印 …………………………………… 140

三三　五代十国官印（一） ……………………… 141

三四　五代十国官印（二）……………………………… 143
三五　两宋官印（一）………………………………… 150
三六　两宋官印（二）………………………………… 151
三七　两宋官印（三）………………………………… 154
三八　两宋官印（四）………………………………… 156
三九　两宋官印（五）………………………………… 157
四〇　两宋私印……………………………………… 158
四一　辽代官印（一）………………………………… 162
四二　辽代官印（二）………………………………… 163
四三　辽代私印……………………………………… 164
四四　西夏官印……………………………………… 166
四五　西夏私印……………………………………… 167
四六　金代官印……………………………………… 170
四七　金代私印……………………………………… 178
四八　元代官印……………………………………… 189
四九　元代私印……………………………………… 193
五〇　明代官印……………………………………… 197
五一　清代官印（一）………………………………… 202
五二　清代官印（二）………………………………… 204
五三　元末以来农民军官印（一）…………………… 215

五四　元末以来农民军官印（二）……………………………… 217

五五　图像印 ………………………………………………………… 224

五六　民族印（一）………………………………………………… 227

五七　民族印（二）………………………………………………… 229

五八　民族印（三）………………………………………………… 231

五九　宗教印（一）………………………………………………… 234

六〇　宗教印（二）………………………………………………… 236

六一　宗教印（三）………………………………………………… 239

六二　宗教印（四）………………………………………………… 240

一　中国玺印的起源

古玺印，是古代人们用以昭明信用的凭证。刘熙《释名》说："印者，信也。"同时，它也是国家行政机构行使职权的象征与工具。

古玺起源于何时，历来是个有争议的问题。

传世文献记载玺印的起源甚早。《后汉书·祭祀志下》说："尝闻儒言，三皇无文，结绳以治，自五帝始有书契。至于三王，俗化雕文，诈伪渐兴，始有印玺，以检奸萌"。汉代的纬书《春秋合诚图》也说："尧坐舟中与太尉舜临观，凤凰负图授尧，图以赤玉为匣，长三尺八寸，厚三寸，黄玉检，白玉绳，封其两端，其章曰'天赤帝符玺'"。《春秋斗运枢》则说："黄帝时，黄龙负图，中有玺章，文曰'天王符玺'。"说黄帝或三王时代已出现玺印，自然令人难以相信，然而透过此种神话传说，认为中国的玺印起源可能很早，是有一定的道理的[1]。

玺印的产生与其他器物一样，有一个技术前提。有学者指出，中国古代玺印的发明与印纹陶有关，类似印的器物最早出现在新石器时代的中、晚期。当时陶器上的纹饰，其制作方法有两种，一种是拍打，另一种是压印。压印的花纹，是用土烧成的陶印模或用石雕的石印模（上面均雕出花纹）戳打在陶器坯上显示出来的。雕花纹的印模再进一步发展，便是雕字印模，即成为后来印章的先河[2]。这种陶、石质的印模在中国南方时有发现。例如在福建长汀新石器时代遗址中一次就发现陶印 18 个。据林惠祥的调查报告说："陶印 18 个，都是方形扁块如小砖状，残缺各一半。花纹有一面的，也有二面以上的，都曾经烧过。上面的花纹和陶片的纹饰相同。"[3] 类似的陶印，在云南元谋大墩子新石器时代的遗址中出过几件，面饰方格纹；云南宾川白羊村也出土过一件，器形不规则，面饰斜方格纹，与同地所出的陶器纹饰相同。另外，大溪文化的陶器纹饰的主要特点是戳印纹，器表纹饰系用圆形、半圆、新月、三角、长方、方形及工字形等各种陶、石质小印深深地抑印而成[4]。近年的发现中，值得注意的是河南永城造律台和江苏徐州高皇庙出土的新石器时代带有鼻钮的陶印模（图一），从其形制看，与后来的玺印形制和使用方式很相似。它与一般用于拍打陶器纹样的陶拍在形制和用法上尚有微小的不同，但这微小的不同却使它有可能直接演进为后来具有示信功能的印章[5]。

尽管上述陶、石质小印（模）解决了玺印的技术前提，可以看成是玺印的前身，但它终究不是后来表示信用意义的器物。所以，我们还不能说中国的新石器时代就已经产生玺印了。

需要指出的是，有些外籍学者曾利用比较学的研究方法，认为中国古代玺印源于苏美尔人的陶圆筒印章。早在公元前 3500～前 3100 年之间，古苏美尔时期的巴比伦地区就已经出现了文字和标志所有权的陶制圆筒印章。这种陶印采用两河流域所特有的浮雕形式，其纹饰图案多是交织对称的动物或神兽，其形制呈圆筒状，可以在潮湿的陶版上滚压出一条条连续不断的图案。就产生的时代而言，苏美尔文化的陶制圆筒印章确实比考古发掘所证明的中国古玺的时代要早。但就形制、内涵来看，两者并非同源之物。首先，中国古玺从一开始出现就是戳打式的，并不作圆筒形的直接滚压。其次，也是最重要的，苏美尔文化的陶制圆筒印章着重于雕刻，所表现的主要是苏美尔神话内容，其功能并不在于标志身份和作为信物，而是重在表现某种观点和思想。这和中国古代玺印的功能有着本质的不同。因此，与其说苏美尔人的陶制圆筒印章和中国的古玺有渊源关系，还不如说它和中国汉代流行的画像砖及古玺中的图像印有某些相似之处来得妥帖[6]。

众所周知，中国古代的玺印是以铜质为主，因此玺印的产生和灿烂的华夏青铜文化有着某种必然的联系。从生产力发展的水平并结合出土实物看，中国的青铜时代有可能是玺印产生的年代。

《逸周书·殷祝篇》记载："汤放桀而复薄，三千诸侯大会，汤取天子之玺，置之天子之座。"《逸周书》的内容虽已见于《汉书·律历志》[7]，有些记载也被近年考古发现的古文字材料所证实，但它是晋代才发现的古书，其内容已经过后人的整理。这段话也不似商代人的口气，而且又无出土文物佐证，仅凭此说夏商之际已有玺印，尚不无疑问。

1940年，于省吾在《双剑誃古器物图录》一书中刊布了三方古玺的钤本和照片，其钤本也曾著录在黄濬所编的《邺中片羽》中。这三方古玺，铜质，扁平状，鼻钮，印面呈方形，传20世纪30年代后期出土于河南安阳殷墟。其中两方与商代的族氏铭文相同[8]，尤其是一方"亚𠦪（禽）"印（图二），其铭文是数见于商代铭文中的族氏，见于"父丁簋"、"父乙尊"等器，文字风格也与商代铜器铭文相合。

董作宾首先推测这三方铜印为"商玺"，并从而立论，主

图一　新石器时代的陶印模

图二　殷墟出土的"亚?"印

张殷代已有玺印。他在给李书华的信中说："此三玺虽传说为安阳出土，得自古董商，然大致可信。……古玺中多象形图画字，亦可能为商玺，今人不能确认而已。"[9]不但指出这三方铜印为商玺，而且说连传世的图像印中也可能有商代物。

由于这三方铜印来自古董商之手，当时具体的出土情况又不详，有人对其时代甚至真伪产生了怀疑。那志良指出，商代的这三方铜玺，有人因为它们来自古董商之手，又无确切证据出自殷墟，因而怀疑到它们的真伪等问题，但是如果我们看一看商代的陶器已经有了很精致的印模，而且商代的冶铸技术又是那样的进步，这样的印章是可以有的[10]。林素清更进一步认为，这三方铜印的文字和商代铜器铭文极相似，其背面钮形也与近年妇好墓所出铜镜背钮十分接近，因此，"这三件器物无疑应是商代物"[11]。持相同看法的，还有黄盛璋[12]、裘锡圭[13]等人。

最近，李学勤将这三方铜印与著录中的商代铜器铭文作了进一步的对比研究。指出其中一方"亚、罗（?）、示"玺和《商周金文录遗》中的"辛、亚罗、示"觶是一人之物。参照《商周彝器通考》中的小臣邑觶和甘肃灵台白草坡一号墓所出的父辛斝、陕西岐山樊村所出的亚邲其斝等形制分析，认为该玺决不可能是伪品，确实是商末之物[14]。

尽管这三方铜印的时代及其真伪已基本得到确认，但仍有学者对这三方铜印的功能以及中国玺印产生的年代能否早到商代持否定态度。如高明说："把玺印认为是西周时代的产物，是不符合历史事实的，……如果铜件（指上述三方铜印——引者注）确为真品，可能为某种器物上的附属装饰，恐非玺印。"[15]马国权的看法比较审慎，他认为外形似玺是一回事，其社会职能是否已作为象征权力和信验的工具又是另一回事，所以，"这三方被人称作'奇文玺'的东西，很可能就是铸造铜器时所用的铭文的模子，或其试制品"[16]。

罗福颐、王人聪从玺印功能的角度出发，认为玺印是春秋战国时代政治、社会变革的产物，不可能早到商代。这三方铜印虽类似古玺，但"这是古代铸造铜器用的母范，未必就是玺印"。同时，他们又指出，西周时期周天子和各国诸侯是依据氏族血缘为纽带的宗法关系建立起一套国家统治机构，在任命官吏时就不需要有一种作为政治联系的凭证信物，因此也就不会有玺印。春秋战国时期，随着社会经济关系的变化，宗教制度的瓦解，君臣之间不再存在血缘关系的基础，因此国君授予臣下政治或军事权力时，就必须要有一种信物作为授权凭证，并表示臣下对国君的政治臣属关系。而这种信物，当时在军事上是用来调遣军队的兵符，在政治上就是玺印。另外，随着社会经济的日益发展，人们的联系更加密切，印章作为信物的作用便逐渐被推广到商业和其他社会交往等各个方面。因此，"从古代文献的记载和遗存的实物结合来看，我们认为中国印章可能最早起源于春秋，到战国时代已经普遍使用"[17]。

　　着眼于玺印的功能来推测中国古代玺印产生的年代，还有钱君匋、叶潞渊。他们认为，"玺印是为了商业上在交流货物时作为凭信的一种实用之物而产生的"，玺印最早出现在"春秋的后期到战国的这一时间"，到了秦始皇统一中国之后，玺印才发展成为当权者用以表征权益的法物[18]。持相近观点的，还有高明。他根据出土的先秦古玺、封泥实物多属于战国时期以及战国时期商品经济的状况论定玺印产生于战国[19]。温廷宽则认为，印章"是一种复制文字形象（或图画、雕刻）的独立小型工具"，"玺印作为代表官职权力、私人征信之用和铜器、陶器铭文及花纹之用是并存的"，因此，"玺印并非始于战国，在殷之际已经出现"[20]。

　　此外，也有人把前述三方铜印上的文字解释为宗教符号，并进一步推论玺印起源于宗教[21]。虽然对其性质和用途看法不同，但就时代而言，还是主张起源于商代。

　　其实，将玺印起源的时间和玺印普遍具有"信"这一功能的年代两者区分开来，矛盾就容易得到解决。早在 20 世纪 30 年代，就已经有学者指出，中国玺印的起源与青铜器的铸造有关。黄宾虹在《虹庐藏印·弁言》中说："古昔陶冶，抑埴方圆，制作彝器，俱有模范，圣创巧述，宜莫先于治印，阳款阴识，皆由此出。"唐兰也认为玺印是由商代铜器上的范母演变而来[22]。以铸造铜器的模范来解释玺印的起源是颇为合理的。商代的铜器铭文，往往缀以图形化的族氏铭文，表示器物的铸造者或持有者的氏族。这类表示族氏铭文的小块铜范，很可能已具备"信物"的功能，如果视其为玺印的雏形，应该是可以的。这和在陶器上盖戳印的功能几乎一致。可以说玺印的产生，完全是基于客观的需要，首先是作为人们日常生活的凭信工具出现的，而不必一定要迟到社会、经济结构的剧烈变动时期。我们更不能以春秋以后玺印大量兴起后的功能及其使用方法来推断玺印起源的时间。从玺印的产生到其普遍使用，毕竟有一段较长的时间。

新的考古发现往往给问题的解决带来曙光。1983 年，牛济普刊布了中国社会科学院考古研究所在安阳殷墟发掘出土的一件白陶残盖（摹本），编号为"大司空村南地 M·377"，盖内抑有一戳印，残存 1/3，似为"从"字，其文字构形与传世的商代"从父丁盉"上的族氏铭文相近。这件经科学发掘出土而且又有明确地层关系的商代白陶残盖的发现，有着极其重要的意义。它向我们证实了以下几点：

第一，玺印起源于殷商说可以成立。这方戳印文字四周有边栏，是一种为后世所熟悉的印章形式。

第二，它与族氏铭文有着直接的血缘关系。它最初的作用和铜器上的族氏铭文作用近似。

第三，将戳印打在陶器上，表明器主人的族氏。这可能是印章最早的使用方法和用途。

第四，间接证实了《双剑誃古器物图录》中所载的铜玺是商代器[23]。

1995 年，《文物》杂志刊布了两则新发现的西周玺印资料，更加证实了上述的看法。

1980 年于陕西扶风黄堆云塘一处西周中晚期的灰坑中，出土了一方铜质双联印。两个印面由一绞索状桥形钮连接，其上部为三角形印面，底边长 2.2 厘米，高 2.2 厘米；其下部为圆角长方形印面，长 2.7 厘米，宽 2.1 厘米，分别铸三角形镞形图案和 S 形云纹图案[24]（图三）。80 年代初又于扶风法门庄白一个西周中期灰坑中发现一方铜质图像印，近正方形，圆角，长3.4厘米，宽3.1厘米，印面为凤鸟纹（图四），桥形钮[25]。云塘和庄白均处于周原遗址的中心，两方铜印出土于西周中晚期灰坑，印面所铸的云纹和凤鸟纹亦为西周时期常见的纹样，因此这两方铜印当为西周中晚期的遗物。

1988～1989年，在湖北清江香炉石遗址的发掘中，在第4层出土两方陶印。其中，T9④:137灰黄色，印面圆形，直径1.9厘米，残长4.5厘米；T10④:227灰色，印面长椭圆形，长径2.1厘米，短径1.2厘米，残长5厘米。根据其印文和长柱形体的特征，可以肯定是专门用来抑印器物的戳印。从该遗址第4层伴出的器物分析，这两方陶印的时代应在西周时期[26]。

1990年出版的《泗水尹家城》，刊布了该遗址出土的被定为商代B型陶网坠（T312⑥:19）的器物[27]，上有一圆形戳印。这件器物用细黄泥做成，并非陶质，作一略扁的椭圆体，

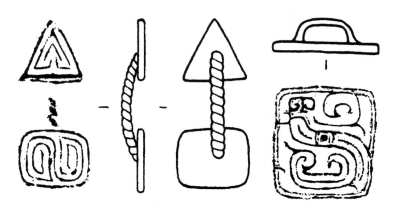

图三　西周铜质双联印　　　　　图四　西周铜质图像印

长4厘米，最宽处3.2厘米，厚2.6厘米。纵向有一穿孔，孔
径0.25厘米，里面有绳索印痕，可知孔洞是由包在泥内的细
绳留下的。孔内中部空间扩大，又知原来包在里面的细绳是打
结的。根据上述情况，近年有学者正确指出，这件器物不是网
坠，而是一件极为罕见的封泥[28]。其形状特殊，用绳结包在
泥中，当与玺封方式有关。从印文看，这是一方族氏铭文的
印，似为"兽共"二字。关于这件封泥的年代，原报告定为商
代亦欠妥当，从其出土层位的记录和文字的书体看，当在西周
晚期[29]。这是目前发现年代最早的封泥实物，弥足珍贵。

周原遗址、香炉石遗址和尹家城遗址的新发现，终于填补
了从商到春秋战国之间玺印发展史上的空白，有力地证明了商
代已出现玺印的可信性。

可以说，中国古代玺印的起源问题已经得到圆满的解决。
我们期待着在21世纪，由更多更新的考古发现来进一步补充
和证实。

注　释

[1] 曹锦炎《古玺通论》第4页，上海书店出版社1996年版。

[2] 那志良《鉨印通释》第6页，台湾商务印书馆1970年版。

[3] 同[2]。

[4] 王廷洽《中国印章史》第16页，华东师范大学出版社1996年版。

[5] 孙慰祖《古陶瓷印述略》，《孙慰祖论印文稿》，上海书店出版社1999年版。

[6] 陈松长《玺印鉴赏》第2页，漓江出版社1993年版。

[7] 《汉书·律历志》所载刘歆《世经》引有《武成》，前人曾指出，《武成》与今
传本《逸周书·世俘》实系同篇。参见黄怀信等《逸周书汇较集注》，上海古
籍出版社1995年版。

[8] 另一方印作田字格，文字不同，有学者怀疑为战国时期的巴蜀印，被古董商

误混在一起。

［9］转引自林素清《篆刻》第 2 页，台湾幼狮文化事业公司 1986 年版。

［10］同［2］，第 10 页。

［11］同［9］，第 3 页。

［12］黄盛璋《我国印章的起源及其用途》，《中国文物报》1988 年 4 月 15 日。

［13］裘锡圭《浅谈玺印文字的研究》，《中国文物报》1989 年 1 月 20 日。

［14］李学勤《中国玺印的起源》，《中国文物报》1992 年 7 月 26 日。

［15］高明《中国古文字学通论》第 564 页，文物出版社 1987 年版。

［16］马国权《古玺文字初探》，中国古文字研究会第三届年会论文（油印本）。

［17］罗福颐、王人聪《印章概述》第 3 页，三联书店 1963 年版。

［18］钱君匋、叶潞渊《中国钵印源流》，（香港）上海书局有限公司 1974 年版。

［19］同［15］。

［20］温廷宽《印章的起源和肖形印》，《文物》1958 年第 12 期。

［21］潘振中《试论我国印章起源于宗教》，《中国文物报》1988 年 7 月 22 日。

［22］唐兰《中国文字学》第 151 页，上海古籍出版社 1979 年版。

［23］牛济普《中州古代篆刻选》第 120～121 页，1979 页。

［24］罗红侠等《试论周原遗址出土的西周玺印》，《文物》1995 年第 12 期。

［25］同［24］。

［26］湖北省清江隔河岩考古队《湖北清江香炉石遗址的发掘》，《文物》1995 年第 9 期。

［27］山东大学历史系考古专业教研室《泗水尹家城》第 257 页，图 170.5，文物出版社 1990 年版。

［28］马良民等《山东泗水尹家城出土封泥考略》，《考古》1997 年第 3 期。

［29］同［28］。

二　出土文物上的古代用印遗迹

根据文献记载和出土实物分析，具有现代玺印功能的古玺大约兴起于春秋时期。

当时，大小诸侯国林立，任命官吏以及频繁的政治和个人的交往，越来越需要而且也离不开信物，而玺印正适合作为权力机构和昭明信用的凭证。《国语·鲁语》记载了这样一件事："襄公在楚，季武子取卞，使季治逆，追而予之玺书"。韦昭注："玺，印也。古者大夫之印亦称玺。玺书，印封书也"。所谓"印封书"，是指用印章盖在信札（古人书信写在竹简或木牍上）加封的小泥块上。此事发生在公元前544年，也见于《左传·襄公二十九年》记载。通过季武子巧用玺书谋取卞邑这件事，可以看到春秋时期玺印已经在公卿大夫之间使用了。

另一方面，随着社会经济的不断发展，在贸易活动中需要办理规定的行政手续，作为货物的通行及收受赋税的凭证，也需要使用玺印。出土及传世的关、市印便是明证。《周礼·地官·司市》说："凡通货贿，以玺节出入之。"《周礼·地官·掌节》条也说："货贿用玺节。"《周礼·秋官·职金》更详细地说明了在接收作为赋税的物资时，必须"辨其物之媺（美）恶与其数量"，然后"楬而玺之"，也就是说用盖有玺印的标签木牌加以封存。

（一）古代封泥

古代玺印主要是作为封缄之用，出土的封泥实物，正是古代用印的遗存。

用一块特制的泥团在简册或物件缚扎的绳结上封物，然后用玺印在泥团上抑出印文，等泥团干后，绳子的结扣封在泥里，中途也就无法私自拆封了，犹如现在火漆封物一般。这种方法称为"封泥"，或称"泥封"，是玺印最早的使用方法，遗存的实物就叫做封泥。《吕氏春秋·适威篇》："故民之于上也，若玺之于涂也，抑之以方则方，抑之以圜则圜。"这虽是用封泥与玺印的关系来比喻人民与国君的关系，却很形象地说明古代玺印的使用方法。

封泥除了封缄书写在竹简、木牍上的公文或书信外，也可以封缄盛装东西的器皿、口袋等。如长沙马王堆一号汉墓出土的竹笥，内装食物，外用染色的绳子缠缚，系挂的木牌上贴有白泥，"轪侯家丞"的印就盖在这块白泥上[1]。据《礼记·月令》说，孟冬之月"坏（益也）城郭，戒门闾，修键闭，慎管钥，固封玺"。这是说用玺抑泥来封门关。《东观汉记·隗器传》载王元"请以一丸泥为王东封函谷关"，就以此来作比喻。古代门户上封印的记载还见于70年代出土的云梦睡虎地秦简。《秦律十八种·仓律》："入禾仓，万石一积而比黎之为户。县啬夫若丞及仓、乡相杂以印之，而遗仓啬夫及离邑仓佐主；稟者各一户以气（饩），自封印。"封泥甚至可以封门户，可见其用途非常之广。

"封泥"这个名称，始见于《后汉书·百官志》，但未著录具体样式，后世知者甚少。封泥被大量发现是近百年来的事。甚至清季四川、山东等处发现了古代的封泥实物，还有人误认为"印范"。直到吴式芬、陈介祺合编的《封泥考略》一书出版，才使大家清楚，其学术价值遂为世人所重。出土的封泥实物背面往往留有当时绳子捆扎的痕迹，有纵有横，也有十字形，而以横者为多。绳子捆扎痕迹自一周以至五周均有之。

传世的先秦封泥极为少见，只有十余方，主要著录在吴熊《封泥汇编》一书中，如"左司马闻询信钵"（图五，1）。《郑庵所藏泥封》亦著录有先秦封泥，如"武平玺（坰）冡"。清季山东临淄出土的古玺封泥，据王献唐《临淄封泥文字》记载有三方，一方出在临淄城西关郊外大佛寺，在齐故城范围内；一方出在薛家庄；一方出在城南磨坊村。此外，光绪二十四年至二十五年间（公元 1898～1899 年）在城东门外偏北一带，还出土印面有界格的封泥一坑。这种有十字界格的封泥，有的是秦封泥，有的可能下延至汉初[2]。

目前所见年代最早的封泥，是近年报道于山东泗水尹家城出土的一方"兽共"封泥，其年代约在西周晚期。

1978 年初，于湖北江陵发掘天星观一号战国楚墓，在北室陶瓮附近出土了几方封泥，大多破碎，仅两方保存较好，近方形，边长 3.8 厘米，属图像印[3]（图五，2）。1987 年发掘湖北荆门包山二号战国楚墓，出土文物中有几件盛物陶罐，在其颈部发现封泥印记。如 75 号陶罐颈部封泥钤盖直径 1 厘米的圆形涡纹印；7 号和 15 号陶罐颈部封泥各钤三方牛纹印（图五，3），圆形，直径 1.5 厘米[4]。战国楚封泥的发现弥足珍贵。

1983 年秋天，于河北平山战国中山国灵寿城第五号遗址中部的铸铜作坊内，发现了七方战国时代的封泥，呈不规则半圆形，中间有一横穿孔，上有"諯垄"两字（图五，4）。原简报误认为是"印范"[5]，吴振武正确指出是封泥，他说："这种封泥曾见于以往著录，《郑庵所藏封泥》收录的一方跟灵寿城出土的完全一样。吉林大学文物室则藏有这种封泥的实物两方。"[6]印文"諯"字从"言"从"舳"，黄宾虹曾经指出过，

图五　封泥

1."左司马闻訽信钵"　2.湖北江陵天星观一号战国楚墓出土封泥

3.湖北荆门包山二号战国楚墓发现的封泥印记　4.河北平山战国中山国灵寿城遗址出土封泥　5."女（汝）阴家丞"

"躳"借为"身","身"、"信"音同[7]。近年李家浩又进一步论证了古代"躳"有"身"音[8]。"叕"字，宋郭忠恕《汗简》卷下之二"完"字下收有此字，构形相同。李家浩认为，《汗简》这种写法的"完"字原是"叕"，借为"完"[9]。此方封泥印文的"叕"，当读为"券"。"叕"、"券"都是从"关"得声，故可相通。《说文》："券，契也"。券、契是一种凭证，也同样具有信物的作用。犹如古玺或称"锗（瑞）"、"伏（符）"、"罼（节）"等一样，"券"应当也是古玺的另一种别称，这可能是地域性的差别所致。这方封泥称"信券"，和古玺习称"信玺"是同样道理。

秦代封泥的实物，过去只有上引临淄出土的一批。近年在陕西省西安市城郊出土了一大批，泥质良好，文字清晰，品种繁多（详见第五章），实为空前的发现。

汉代封泥使用的情况，在典籍中有所记载。《后汉书》中记少府的属官中就有专管封泥的"守宫令"，可见封泥的使用在当时还受到重视。其用泥在质地上也有讲究，如《东观汉记》所说"训好以青泥封存书"；《汉旧仪》说"皇帝玺皆用武都紫泥封"。另外，《续汉书》说皇帝行封禅礼时使用调和了金和水银的金泥来封缄玉检。这些记载是否说明封泥的使用与玺印一样有等级区别，尚待进一步研究。出土及传世的封泥，大都呈红色或褐色，只有个别呈紫色。

两汉的封泥，都有考古发现所得的实物可资证明。历年来出土以四川、陕西、山东为大宗。除了清季的发现外，20世纪50年代以前出土的汉封泥，见于报道的甚少。1901年曾在新疆尼雅遗址发现"鄯善都尉"等封泥，与汉代简牍伴出，但早已流出境外[10]。1909年，山东纪王城出土三百余方封泥，

为罗振玉所得[11]。30 年代又在山东临淄出土了一批封泥，除
了王献唐《临淄封泥文字叙目》已收录外，尚有"齐哀庙长"、
"菑川宫丞"、"楚采铜丞"、"琅琊发弩"、"朱虚令印"、"新息
长印"、"费丞之印"、"堂邑左尉"等品，均为原山东省立图书
馆收集，现藏山东省博物馆[12]。50 年代出土的，见于报道的
只有 1956 年于长沙河西岳北乡西汉墓出土的"右尉之印"封
泥[13]。

70 年代以来，汉代封泥陆续有新的发现。1972 年在湖南
长沙马王堆汉墓中出土了数十方"轪侯家丞"封泥[14]；1968
年在河北满城汉中山靖王墓内出土了一批封泥[15]；1973 年于
甘肃居延肩水金关遗址出土"居延右尉"封泥[16]；1977 年在
安徽阜阳双古堆西汉墓中出土"女（汝）阴家丞"（图五，5）
封泥[17]；1979 年在内蒙古昭乌达盟宁城黑城发现"渔洋太
守"、"白狼之丞"封泥[18]；1979 年在广西贵县罗泊湾 2 号汉
墓出土了"家啬夫"封泥[19]；1983 年在广州象岗山南越王墓
出土了一批封泥，有"帝印"、"泰官"、"厨丞之印"、"眛"、
"鄡乡侯印"、"结"、"衍"7 种[20]；1986 年在陕西西安市南
郊新安机砖厂内墓葬中出土了"利成家丞"封泥[21]。

80 年代的重要发现，还有 1987 年 10 月至 1988 年 5 月在
西安市郊汉长安城未央宫第 4 号建筑遗址的发掘中出土的封泥
112 方，其印文有"臣尊""臣充""臣明""臣隆""臣客"
"臣获""司马喜章""掌教大夫章""掌牧大夫章""汤官饮监
章"等，其中以"汤官饮监章"封泥数量最多，是一次比较集
中的发现，时代属西汉时期[22]。另外，1987 年 11 月至 12
月，在山东昌乐朱留发掘的汉代墓葬中，于 1 号墓一次出土了
85 方"菑川后府"封泥[23]，也比较少见。

近年报道的比较重要的发现，还有 1979 年 10 月在辽宁凌源大凌河南岸九头山下发掘古城时，在一座灰坑中出土的 18 方封泥，有"右北［太守］""夕阳丞印""廷陵丞印""昌城丞印""当城丞印""泉州丞印""蓟丞之印""广成之丞""白银之丞"以及"古奚闾左""无终□□"等。据研究，这座古城为秦汉时期的右北平郡治平刚，出土的封泥除了两方属于渔阳郡和代郡外，余皆为右北平郡辖县[24]。

1977 年在江苏徐州土山 2 号汉墓夯筑封土中出土了 22 方封泥（部分为征集），有"楚内宫丞""楚中尉印""楚太宰印""楚□仆□""楚卫士丞""楚宫司丞""彭城丞印""彭城右尉""僮丞之印""相丞之印""新丰丞印""北平邑印""北乡""适乡""养陵乡印"等，还有两方私印封泥[25]。这批封泥应属于西汉前期楚国和其属县之印。1994 年 12 月至 1995 年 3 月，又在徐州狮子山发现了西汉楚王陵，于 E 室内出土封泥 30 余方，计有"吕丞之印""下邳丞印""萧丞之印""兰陵之印""符离丞印"等。于 W1 室出土封泥 19 方，有"楚中尉印""内史之印""楚太仓印"。于 W2 室出土封泥 30 余方，主要有"彭城丞印""相令之印"等[26]。其时代和土山所出的封泥年代十分接近。

近年零星出土的封泥，还有 1993 年于湖南长沙望城坡西汉长沙王室墓出土的"长沙后府"[27]，1981 年于江苏高邮天山 2 号汉墓出土的"广陵私府"等[28]，均是地方封国之玺。

究竟什么时候才开始不用封泥，这个问题尚未最后解决。学术界一般都同意王国维的说法，认为封泥之制的废除应在南北朝时期。王国维说："自后汉以降纸素盛行，自当有径印于其上者，……至南北朝而朱印之事始明著于史籍，……盖印泥

之事与简牍俱废也。"[29] 是从书写材料的变化与玺印使用方式
更替相关联的角度所得出的结论。近一个世纪以来，除了传为
早年北地出土的"骑都尉印""晋率善羌仟长"及西北大学藏
"征北司马"和《续封泥考略》著录的"北海相印章"等数方
封泥为魏晋遗物外，田野考古迄今未见魏晋以后的封检封泥出
土（尼雅遗址发现的木牍上有泥而无印文），支持了王氏的这
种看法[30]。

晋代以后纸帛大量流行，封泥逐渐退出历史舞台。不过，
后代仍有沿袭封泥封缄遗制的做法。如 60 年代在西安发掘唐
代大明宫遗址，曾出土唐代用来封缄盛装贡品的坛、瓶之口的
封泥 160 余块（绝大多数残缺不全）。这种封泥和汉魏时期的
不同，土块甚大，泥面上还抹有白垩土，上面墨书题写封缄人
的姓名、官衔、物品名称以及年、月、日等，再加盖朱印[31]。
过去《贞松堂吉金图》著录的唐襄州都督府进蒜封泥，就属于
这一类。

王国维曾经说过："封泥与古玺印相表里，而官印之种类
则较古玺印为尤夥，其足以考证古代官制、地理者，为用至
大。"[32]研究古代玺印，确实不应该忘记封泥。

专门研究封泥的文章，发表不多。罗福颐的《封泥证史举
隅》[33]，是利用封泥来印证史实。郭铮《满城汉墓出土封泥试
探》[34]、刘弘《汉代西南诸郡太守封泥考略》[35]、李银德《徐
州土山汉墓出土封泥考略》[36]，则分别对各地出土的汉代封泥
加以考证。孙慰祖《西汉官印、封泥分期考述》一文，是研究
西汉封泥断代方面的代表作[37]。20 世纪出版的有关封泥的著
录不少，主要有刘鹗《铁云藏封泥》（附入《铁云藏陶》，1904
年），吴式芬、陈介祺《封泥考略》（1904 年），《陆庵香古录·

郑庵所藏封泥》（罗振玉影印郭申堂藏拓本，1903 年），罗振玉、王国维《齐鲁封泥集存》（1931 年），陈宝琛《秋馆藏古封泥》（1924 年），周明泰《续封泥考略》（1928 年）、《再续封泥考略》（1928 年），北京大学研究部《封泥存真》（1934 年），王献唐《临淄封泥文字》（1936 年）等[38]。汇编诸家著录者，有吴幼潜的《封泥汇编》，西泠印社出版，初版于 1913 年，基本上是依据正、续、再续《封泥考略》，共计收录先秦、两汉封泥 1115 方，为 50 年代以前封泥汇录之冠。1994 年孙慰祖主编的《古封泥集成》由上海书店出版，以战国至唐为限，共收录封泥 2642 方，凡诸家谱录所载均已囊括其中，1994 年以前经考古发掘所得者也基本都已入录，堪称集古代封泥之大成。书前收有作者《古封泥述略》一文，对封泥作了全方位的论述。

将玺印蘸上印色，盖在纸上，一般认为直到南北朝才开始通行。传世有一件敦煌写经《杂阿毗昙心论》残卷，卷背盖有"永兴郡印"（图六，1）朱文大印，原件现藏北京国家图书馆。据考证，永兴郡只在南齐时代设置过，见《南齐书·州郡志》[39]，可证在当时已使用朱色盖印。另外，《魏书·卢全传》载："总集吏部中兵二局勋簿对勾奏按……令本曹尚书以朱印印之。"又《北齐书·陆法和传》载："梁武帝以法和为都督郢州刺史，……其启文朱印印名称'司徒'。"均有"朱印"之名，可以作为旁证。不过，在汉代或更早的时候，可能已出现将印用印色盖在绢帛上面。王国维曾推测："汉时门关之传，用木之外，兼用缯帛。《汉书·终军传》：'关吏予军缯'，是也。《古今注》谓传皆封以御史印章，则缯亦当用印，或竟施于帛上，亦未可知。自后汉以降纸素盛行，自当有径印于其上

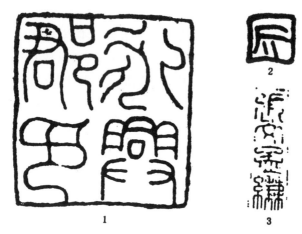

图六　纸或丝织品上的朱色印文
1."永兴郡印"　2.湖北江陵马山一号楚墓出土
丝织品上的朱色印文　3."张文孟缣"

者。"[40]虽属猜测之辞，但有一定道理。1973 年，甘肃居延考古队在居延肩水金关遗址发现一件西汉晚期的红色织物，正面墨书篆字"张掖都尉棨信"[41]，尽管这件织物（即缣）上的印文是画出来的，却从一个侧面印证了王氏的说法。考古工作者在对 1957 年湖南长沙左家塘战国楚墓中出土的一叠丝织品进行重新清理时，发现在一件褐地矩纹锦的锦面靠近边幅处盖有朱色印记，呈长方形，宽 1.9 厘米，残长 2.3～2.9 厘米，残存的文字尚待考证[42]。1982 年发掘湖北江陵马山一号楚墓，出土的丝质衣服的边幅或靠近边幅处，也发现盖有朱色印记。如编号为 N16 的小菱形纹锦面绵袍的深黄绢里，钤有朱色正方形印记，边长 0.6 厘米，文字模糊；N14 对龙对凤纹绣浅黄绢面绵袍的灰白绢里，钤朱色印记，边长 0.7 厘米，宽0.5 厘米；N3 塔形文锦带上多处盖有相同的正方形朱色印记

（图六，2），边长 0.9 厘米[43]。这些都是目前已知最早的朱色印文。另外，传世的长条印中，有"张文孟缣"（图六，3）、"大郑布"、"巨侯万匹"等印，也应该是工商业者用来盖在出卖的纺织品上的[44]。这种用印方法，已和后世在纸上盖朱印的方法很接近了，可以说是后世用印方法之滥觞。

1973 年，在湖北江陵一座西汉墓中出土了一方"张偃"、"张伯"双面木印，发掘简报称"'张偃'印文中有朱红颜色"[45]。1983 年，于广州象岗山南越王墓出土的"文帝行玺"金印上，又发现在印文笔道及印侧留有朱红印泥痕[46]，从印钮磨痕和印文情况看，这应是南越"文帝"赵眛生前所用之印。这是迄今为止发现带有朱色印泥痕的最早两件玺印实物，推测也是钤盖在绢帛上面的。

（二）器物上的印记

古玺除了起封缄的作用，还用来作为手工业制品的标记，这在当时的陶器上是比较多见的。这种印记是制成陶坯后烧造前用玺印打上去的，《淮南子·齐俗篇》："若玺之抑埴"，就是说的这件事。埴是制作陶器用的粘土，古代制作陶器就称作"搏埴"。黄宾虹曾于 1929 年出版了一本《陶玺文字合证》，书中共举出三十例古玺与陶器上印文相合的例子来说明两者的关系，是很有见地的。

陶器上打有印记，一方面是说明该产品的制造管理机构或工匠名，即《礼记·月令》所谓的"物勒工名"；另一方面则是由于当时政府条文规定之需要。云梦秦简《效》："公器官□久久之，不可久者，以鬃久之"；《工律》："公甲兵各以其官名刻久之，其不同刻久者，以丹若鬃之"，规定器物必须有"久"。所谓"久"，有记之义，相当于"印"。如内蒙古呼和浩特汉城遗址出土的陶器上，有"市久"或"市印"的戳印，即是明证[47]。

出土的战国陶器上打有玺印标记的，以齐鲁旧地的临淄和历城、燕下都易县、秦都咸阳最为多见，三晋地区的郑州、新郑、荥阳、登封、温县、邯郸、武安次之。另外，在邾、滕旧地的邹县、滕县以及楚地也有发现[48]。

齐国陶器上的印记主要见于量器上，如"大市区鎏（节）"、"公釜"、"王区"、"王粞（升）"、"王豆"等印文[49]。升、豆、区、釜均是齐国的量器名，见于《左传·昭公三年》。同时，也说明这是国家专为关、市、廪等处制造的公用标准量器。

齐国陶器上的有些印文，往往有固定的程式，如："夔圜匋（陶）里人造"、"夔圜南里匋（陶）者期"、"西酷里陈何"、"东夔圜雠"等，印文中的"夔圜陶里"、"夔圜南里"、"西酷里"、"东夔圜"等均为地名，"造""期""陈何""雠"等皆是陶工名。也有的是以"某某立事岁"这种大事纪年的格式作为印文的开首，如："王孙陈棱立事岁，左里敀，亭区"，"疤都陈得再，左里敀，亭豆"、"华门陈棱叁，左里敀，亭区"，后两例的"再"、"叁"，是"再立事岁"、"叁立事岁"之省语。"立事"即"位事"，典籍或作"莅事"、"涖事"，指主持国家的祭祀，也指主持祭祀者。"敀"是制作量器的职司，《周礼·考工记》作"栗氏"[50]。"亭"，即市亭之意，汉代称为"期亭"[51]。表明这是官方生产的市亭公用标准量器。有的陶器印文还标明制造者的身份，如"王卒左敀痏圜芦里土"、"王卒左敂甘里攴"等。

50 年代曾在天津静海西钓台遗址采集到一块泥质红陶量残片，上有"陈和口忐左敫（廩）"戳印。原报道认为，"这是齐太公陈和代齐即位（公元前 379 年）以前所用的家量"[52]。从印文看，"陈和口忐"似为人名，而且传世印文中"左廩"多见，从未有称"上左廩"的，印文恐和齐太公无关。不过，认为是齐器，是完全正确的。

燕国陶器上的印记，多见长条形，这和燕玺有作条形者相合。一种是单条印文，最常见的格式是称"陶工某"，如："匋（陶）攻（工）得"、"匋（陶）攻（工）乘"、"匋（陶）攻（工）昌"。另一种是用两方或三方条形联钤，如："十七年八月，右匋（陶）杒（尹），倕旆，敂贺"、"廿二年正月，左匋（陶）杒（尹），左匋（陶）倕汤，敂国，左匋（陶）攻（工）敂（造）"。可以看出燕国的官营制陶机构职司分为尹、倕、敂工四级。

燕国陶器上还有一种方形印记，印文作"左（右）宫某"，如："右宫轵"、"右宫恒"、"左宫雍"、"左宫寇"，左、右宫当是燕国的宫署制陶作坊，后一字为陶工名。另外，近年在内蒙古敖汉旗四道湾子距燕长城 13 公里的一处遗址中，采集的陶片上有"狗泽都"（图七，1）印文[53]，极为罕见。

三晋陶器上的印记，多数为方形，少见圆形、长条形。印文以一二字居多，如"亭"、"戻"（图七，2）、"仓"、"折（制）"、"朱（厨）"、"邯亭"、"格氏"、"邢公"、"啬夫"、"左司工"等。个别文字较多的，如"阳城仓器（图七，3）、"十一年以倕（垂）"、"格氏左司工"、"格氏右司工"等，则比较少见。尤为特殊的是赵国陶器上的印记，大多是用普通的私玺抑成的，如"陈聏"印文（图七，4）。80年代初于河北平山出土的中山国陶器上，也发现这类私玺印文[54]。

秦国陶器上的印记，比较流行的是"咸亭某里某器"或"咸某里某"这种四字或六字印文格式，如："咸亭当柳恚器"（图七，5）、"咸亭郦里綦器"、"咸亭东里倕器"、"咸商里若"、"咸戎里旗"、"咸郦里赶"（图七，6），印文中的"咸亭"或"咸"，均是"咸阳旗亭"之省，也即咸阳市府。"某里"是里名，里名后是人名。所有这种印文，都是咸阳市府所辖某某私人陶业制品的标记。也有的陶器上打有如"栎市"、"杜市"、"平市"等印文，标明这是官营制陶产品。

70年代以来发掘的秦始皇陵兵马俑坑出土的陶俑、陶马上，以及秦始皇陵园遗址出土的板瓦、筒瓦上，也发现打有印

图七　陶器上的玺印痕迹

1."狗泽都"　2."亭"、"戾"　3."阳城仓器"

4."陈聏"　5."咸亭当柳恚器"　6."咸郦里赶"

记，印文有"宫疆"、"宫系"、"右禾"、"左水"等。"宫"是"宫水"之省，与"左水"及"右禾"均属制作陶器、砖瓦的官署名。"疆"、"系"是工匠名[55]。

由此可见，保存在陶器上的玺印痕迹，同样是研究古玺的重要资料。

黄宾虹旧藏的古玺印中，有一方战国时代的工官玺，铜质，印背作正方扁平状，鼻钮，边长3厘米，印面无边栏，阳文8字："十四年十一月币（师）绍"。此玺最早著录于陈介祺的《簠斋手拓古印集》，大概出土于山东，现藏浙江省博物馆。印文中的"师"当即"工师"（或"冶师"）之省，也就是工官，"绍"为人名。从该玺的风格及特征来看，这是一方战国时代的齐国官玺。非常有趣的是，1979年在山东省枣庄市刘庄附近的战国墓中出土了一件圆形铜泡，直径6.4厘米，表面饰浮雕云龙纹，背面有铭文8字："十四年十一月币（师）绍"，反书，铸款[56]。铜泡铭文与黄宾虹旧藏这方玺相验，不仅文字内容相同，而且文字大小也相合，甚至因原玺中第一行"十"字中间的圆点上的小砂眼而使钤印本出现的小白点，在铜泡铭文的拓本上也约略可辨。毫无疑问，这件铜泡在浇铸前，就是用这方玺先戳打在陶范上的。原玺为阳文反书，打在范上则成阴文正书，浇铸成铜泡后，呈现出来的铭文又变成阳文反书了。可见，铜制产品也要使用玺印。

传为山东临淄出土，曾为陈介祺旧藏，现归中国历史博物馆的两件战国时代齐国铜量，一大一小，上有"右里敀鋀"印，曾有学者疑其伪。1991年在山东临淄东齐家村一处战国时代窖穴中出土了一大一小两件铜量，与中国历史博物馆所藏的两件铜量不仅器形、大小、容量、进位关系相同，而且印文内容也相同，只是新出土的铜量上的印文是凿刻的[57]。铜泡和铜量的出土，证实铜器的制作有时也要加戳印。

出土的战国时期漆器上也发现有古玺的痕迹，是用玺印烙上去的。如 1953 年在湖南长沙杨家湾战国楚墓中出土的漆耳杯，在底外木胎上有"市攻（工）"两字烙印，"市工"是指市所属的工官或工匠[58]。还发现烙有"陈"字的，则是工匠的姓氏。此外，1980 年于长沙火车站楚墓中出土的漆羽觞上也发现有烙印[59]。

除了漆器以外，还有将玺印烙在木材上的。

1956 年秋，在湖南长沙银行干校清理的战国楚墓中，发现在外椁板上烙有五方相同的圆印，文为"沅昜（阳）㦻（衡）"，原报道释为"沅昜于国"[60]。沅水为湖南省境内的一条大河，"沅阳"当在此水的北岸。"衡"是古代掌管山林的职官，《汉书·百官公卿表》："水衡都尉"，应劭注："古山林之官曰衡。"据《周礼·地官·林衡》，开采木材之事属"衡"主管，所以在椁板上会有"衡"的烙印。"沅阳衡"即沅阳地方掌管山林的机构（官署），可知这批木材为沅阳地方所采伐、加工。

1965 年秋，在湖北江陵望山二号战国楚墓的内椁底板上发现了 9 方相同的烙印痕，文为"邵（昭）竽"。又在置于内椁、外棺之间的木板上发现另外内容的 6 方相同的烙印痕，文为"于王既正"[61]。"竽"是楚国特有的官名，"昭"是楚王室三大氏之一，"昭竽"，当是掌管昭氏王族事务之官。"正"读为"征"，《周礼·地官·司门》："掌授管键，以启闭国门。几出入不物者，正有货贿。"郑玄注："正，读为征。征，税也。"印文"于王既正"的意思是指已在王那里征过税[62]。可知另一玺是专门用于木材征税的官方验记。

传世及出土的古玺中已发现有专为烙木材用的印。如传出于临淄，为周叔弢旧藏，现归天津市艺术博物馆收藏的一方铜质"左桁（衡）𢾗（廪）木"印，印面直径3.3厘米，印体长6.4厘米，呈圆筒形，中空，旁有穿孔，便于安装和固定木柄。将印面在火上烧红，即可施烙，可见这是一方烙印[63]。1964年，在山东五莲盘古城边出土了13方"左桁（衡）正木"铜印，形制、印文均相同。据介绍，印体下端近方形，稍上即变为圆筒状，筒之上端外周铸一凸箍，筒孔内壁尚存有朽木炭[64]。可知这13方印均是用来烙印木材的。"左衡"是掌管山林的职司，"廪木"、"正木"或以为是官职名，二者都是林衡的属官[65]。从这几方古玺的出土地点及文字风格来看，无疑都是齐国官玺。

另外，传世有一方"日庚都萃车马"铜玺（图八），形体巨大，其钮中空，上有方孔，可以安装木柄。据柯昌济《金文分域编》记载："周日庚都萃车马玺，《山东通志》光绪十八年出土潍县。王文敏以百五十金得之，方二寸二分，四边作铜墙，如方笔筒，筒内有数柱横撑其间，疑古钤马印，其筒所以盛火也。周季木云易州出土。"后来罗福颐进一步肯定其为战国烙马印[66]。"日庚都"为燕国都邑名，"萃车"即副车，印文"日庚都萃车马"指日庚都官署副车所用的马。战国时代的烙马印，这是目前已发现的惟一实物，可惜已流失国外。

汉代的烙马印见于著录者共有四方，即"灵丘骑马"、"邦骑"、"曲革"、"常骑"。除前者流入日本外，其余分别藏于故宫博物院和上海博物馆。近年在香港古肆发现一方西汉早期的烙马印，文为"遁侯骑马"。系近年内地出土后流入香港，

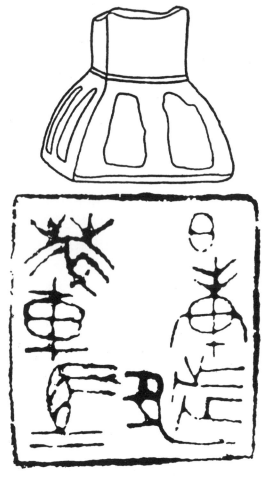

图八 "日庚都萃车马"铜玺

现归上海博物馆。此印印面长 7.8 厘米，宽 7.85 厘米，通高 5 厘米，方柱形中空钮。据其形制和印文，可知其为烙马印。"遒侯"见于《汉书·景武昭宣元成功臣表》，景帝中元三年

（公元前 147 年）封陆疆为逎侯，传二世凡六十年。存世汉代
烙马印中有相对年代可考者，仅此一方[67]。

注 释

[1] 湖南省博物馆《长沙马王堆一号汉墓》，文物出版社 1973 年版。

[2] 李学勤《东周与秦代文明》第 334 页，文物出版社 1984 年版。

[3] 湖北省荆州地区博物馆《江陵天星观 1 号楚墓》，《考古学报》1982 年第 1
期。

[4] 湖北省荆沙铁路考古队《包山楚墓》，文物出版社 1991 年版。

[5] 《中山国灵寿城第四、五号遗址发掘简报》，《文物春秋》创刊号，1989 年。

[6] 吴振武《战国"信完"封泥考》，《中国文物报》1989 年 8 月 25 日。

[7] 黄宾虹《宾虹草堂玺印释文》第 36 页。

[8] 李家浩《从战国"忠信"印谈古文字中的异读现象》，《北京大学学报》1987
年第 2 期。

[9] 李家浩《信阳楚简"浍"字及从"关"之字》，《中国语言学报》第 1 期，商
务印书馆 1983 年版。

[10] 见斯坦因《古代和阗》，1907 年。

[11] 王国维《齐鲁封泥集存·序》，载《观堂集林》第 3 册，中华书局 1959 年
版。

[12] 王之厚《山东省博物馆藏封泥零拾》，《文物》1990 年第 10 期。

[13] 罗张《长沙市岳北乡银盆岭出土了大批文物》，《文物参考资料》1957 年第
11 期。

[14] 同[1]。

[15] 郭铮《满城汉墓出土封泥试探》，《文物春秋》1992 年第 1 期。

[16] 甘肃居延考古队《居延汉代遗址的发掘和新出土的简册文物》，《文物》
1978 年第 1 期。

[17] 安徽省文物工作队等《阜阳双古堆西汉汝阴侯墓发掘简报》，《文物》1978
年第 8 期。

[18] 内蒙古自治区原昭乌达盟文物工作站《昭乌达盟汉代长城遗址调查报告》，
《文物》1985 年第 4 期。

[19] 广西壮族自治区博物馆《广西贵县罗泊湾汉墓》，文物出版社 1988 年版。

［20］广州市文物管理委员会等《西汉南越王墓》，文物出版社1991年版。

［21］郑洪春《陕西新安机砖厂汉初积炭墓发掘报告》，《考古与文物》1990年第4期。

［22］中国社会科学院考古研究所汉城工作队《汉长安城未央宫第四号建筑遗址发掘简报》，《考古》1993年第11期。

［23］潍坊市博物馆、昌乐县文管所《山东昌乐县东圈汉墓》，《考古》1993年第6期。

［24］《辽海文物学刊》1994年第2期。

［25］李银德《徐州土山东汉墓出土封泥考略》，《文物》1994年第11期。

［26］狮子山楚王陵考古发掘队《徐州狮子山西汉楚王陵发掘简报》，《文物》1998年第8期。

［27］邱东联《长沙西汉"渔阳"王后墓"偶人"及相关问题》，载《湖南省博物馆四十周年纪念文集》，湖南教育出版社1996年版。

［28］芮德法《高邮天山2号汉墓的秘密被揭开》，《新华日报》1982年5月26日。

［29］王国维《简牍检署考》，载《王国维遗书》第9册，上海古籍书店1983年版。

［30］孙慰祖《古封泥述略》，载《古封泥集成》，上海书店1994年版。

［31］中国科学院考古研究所《唐长安大明宫》，科学出版社1959年版。

［32］同［11］。

［33］《古文字研究》第11辑，中华书局1985年版。

［34］同［15］。

［35］《四川文物》1992年第6期。

［36］同［25］。

［37］《上海博物馆集刊》第6辑，上海古籍出版社1992年版。

［38］同［30］。

［39］罗福颐《古玺印概论》第71页，文物出版社1981年版。

［40］同［29］。

［41］同［16］。

［42］熊传新《长沙新发现的战国丝织物》，《文物》1975年第2期。

［43］湖北省荆州地区博物馆《江陵马山一号楚墓》，文物出版社1985年版。

［44］裘锡圭《浅谈玺印文字之研究》，《中国文物报》1989年1月20日。

［45］长江流域第二期文物考古工作人员训练班《湖北江陵凤凰山西汉墓发掘简

报》，《文物》1974 年第 6 期。

[46] 同［20］。

[47] 参见俞伟超《秦汉的"亭"、"市"陶文》引李家浩信，载《先秦两汉考古学论集》第 140~141 页，文物出版社 1985 年版。

[48] 参见李学勤《东周与秦代文明》有关章节，文物出版社 1984 年版。

[49] 以下引用陶文凡不注明者，均见高明《古陶文汇编》，中华书局 1990 年版。

[50] 曹锦炎《释战国陶文中的"敱"》，《考古》1984 年第 1 期。

[51] 俞伟超《秦汉的"亭"、"市"陶文》，载《先秦两汉考古学论集》，文物出版社 1985 年版。

[52] 《天津市文物考古工作三十年》，载《文物考古工作三十年》，文物出版社 1979 年版。

[53] 邵国田《内蒙古敖汉旗四道湾子燕国"狗泽都"遗址调查》，《考古》1989 年第 4 期。

[54] 《河北平山三汲古城调查与墓葬发掘》，《考古学集刊》第 5 辑，1987 年。

[55] 袁仲一《秦代陶文概论》，载《秦代陶文》，三秦出版社 1987 年版。

[56] 枣庄市博物馆《鲁南出土两件铭文铜器》，《考古》1985 年第 5 期。

[57] 魏成敏等《山东临淄新发现的战国齐量》，《考古》1996 年第 4 期。

[58] 裘锡圭《战国文字中的"市"》，《考古学报》1980 年第 3 期。

[59] 转引自周世荣《湖南楚墓出土古文字丛考》，《湖南考古辑刊》第 1 辑，岳麓书社 1982 年版。

[60] 吴铭生《长沙战国墓木椁上发现"烙印"文字》，《文物》1956 年第 12 期。

[61] 湖北省文化局文物工作队《湖北江陵三座楚墓出土大批重要文物》，《文物》1966 年第 5 期。印文原报道阙释。

[62] 裘锡圭《战国文字释读二则》，载《于省吾教授百年诞辰纪念文集》，吉林大学出版社 1996 年版。

[63] 石志廉《战国古玺考释十种》，《中国历史博物馆馆刊》总第 2 期。

[64] 孙敬明等《山东五莲盘古城发现战国齐兵器和玺印》，《文物》1986 年第 3 期。

[65] 朱德熙《释桁》，《古文字研究》第 12 辑，中华书局 1985 年版。

[66] 罗福颐《近百年来对古玺文字之认识和发展》，《古文字研究》第 5 辑，中华书局 1981 年版。

[67] 孙慰祖《新获官印考释两则》，载《孙慰祖论印文稿》，上海书店出版社 1999 年版。

三　战国古玺及其国别研究

　　战国时代，古玺大都自称"玺"，一般均从金从尔作"𨥁"，偶有写作"坺"的。写作从玉的"玺"字，始于东汉初年[1]。古玺按其印文内容，可分为官玺、私玺、成语玺及图像玺等几大类。

　　古玺并没有固定的形制。其印面形式一般多为正方形，其次是长方形，还有圆形、曲尺形、三角形、菱形、心形等。印文一般都刻在正面，个别玺出现两面或五面刻字的。另外，在边框、栏格方面也各具特色。

　　古玺的钮制多种多样，常见的是小而细孔的鼻钮；四面斜坡的坛钮、多层坛钮，或称覆斗钮；长柄的柱钮，或称杙钮；还有宽而大孔的瓦钮。除此以外，还有一些特殊形制的钮，如兽钮、觿钮、亭钮等，做成各种形状。传世有一方"何善"私玺，钮做成舞女状，与洛阳金村出土的金链玉佩很相似[2]，较为别致。个别古玺的钮制比较特殊，用两块或三块玺印契合而成。如 1956 年在长沙沙湖桥出土的一方"大厩"铜印，存两合印的右半方，其钮为半圆形柱，上面有凸起的榫头两个、卯眼一个，便于和另一半契合。再如，长沙还发现过一枚三合印，由三块扇面状石印组合而成，圆柱钮亦一分为三，旁有系孔可捆缚，出土时只存两块。经复原，印文应为"邟菱𨥁"[3]。1987 年于湖北荆门包山二号墓出土的楚简中，文书类《集（杂）箸（书）》简有载："漾陵大宫疟、大驲尹师郯公

丁、士师墨、士师阳庆吉启漾陵之叁钵，而在之；某廛在漾
陵之叁钵，间御之典匮。"简文提及的"叁钵"，就是指这种
三合之玺[4]。这类古玺，需要几方印契合在一起才能使用，
兼有合符的作用。至于一些带钩状印、戒指状印和臂钏状印
等，则兼有其他用途。

战国古玺的质地也往往多种多样。常见的以铜为主，其次
是玉。玉玺除作印信外，还兼有佩玉的作用。另外，也有银、
玛瑙、琉璃、骨、角，甚至石、陶等。但是，迄今为止还没有
发现有金质的。

由于春秋以后长期的封建割据局面，战国时期各诸侯国的
经济、文化的地域特色已逐渐形成。反映在玺印方面，各国在
风格上明显存在着不少差异。80 年代以来由于战国文字研究
水平突飞猛进，利用新知，我们对战国古玺已经可以作出分国
鉴别研究。

楚官玺的形制大小不太统一，似乎没有定制。钮式以坛钮
为主。印面有作十字界格和竖界格的，除个别玺外均作白文。
字体风格与同时期的青铜器铭文和竹简文字比较接近，线条流
畅，结体散逸，秀而不媚，颇有毛笔书写之意味，如"流飲之
钵"（图九，1）。

楚玺文字的地域特色最为突出，如"金"字旁大多作金、
金、金，"竹"字旁作竹。"大"字写作仌。"府"字写作賥，
下从"贝"，也很有特色，例如传世的"大府"（图九，2）印。
"大府"是主管国家财政的官署名，《周礼·天官·冢宰》："大府
掌九贡、九赋、九功之贰，以受其货贿之入，颁其货于受藏之
府，颁其贿于受用之府。"大府之名也见于安徽寿县出土的楚
国铜器大府镐、大府铜牛及鄂君启节，后者铭文有"征于之

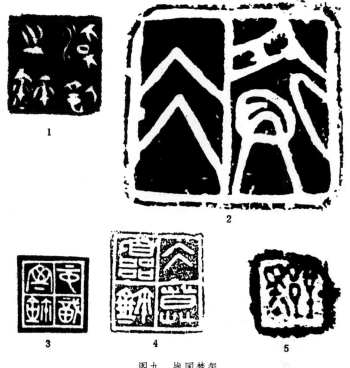

图九 战国楚玺

1."流飤之钵" 2."大府" 3."中戠室钵"
4."大莫嚣钵" 5."郢称"

府"之语，可与《周礼》相参证。再如 50 年代长沙出土的
"中戠室钵"（图九，3）印，印文的四个字全是楚文字特有的
写法。

楚玺中的一些职官或官署名，也往往很有特色。如 1986
年文物普查中在安徽六安发现的"大莫嚣钵"（图九，4）
印[5]。莫嚣，是楚国特有的官名，见《汉书·五行志》引《左
传·桓公十三年》："楚屈瑕伐罗，斗伯比送之。还，谓其驭曰：

'莫嚣必败，举止高，心不固矣'。"颜师古注："莫嚣，楚官名也，字或作敖，其音同。"传世楚玺有"稆夌（陵）莫嚣"印（《古玺汇编》[6]0164）。1987年发掘的湖北荆门包山二号楚墓出土的竹简中，记有楚的地方莫嚣名甚多，如鄢莫嚣、安陵莫嚣、正阳莫嚣、州莫嚣等[7]，可知战国时期楚国于地方行政机构普遍设有莫嚣一职。1978年发掘的湖北随县曾侯乙墓，出土的竹简中也有"大莫嚣"官名[8]。传世楚官玺又有"连嚣之四"（《汇》0318）印，连嚣，典籍作"连敖"，也是楚地特有的官名，见《汉书·韩信传》颜师古注引李奇说，又《史记·淮阴侯列传》司马贞索隐也引及。包山楚简、曾侯乙墓竹简均有连嚣名。

又如，称"某府"，例如"造府"（《汇》0131）、"行府"（《汇》0128）、"高府"（《汇》0132）、"倅府"（《汇》0337）；称"某官"，例如"伍官"（《汇》0135）、"计官"（《汇》0138）、"正官"（《汇》0136）；称"某客"，例如"铸巽（钱）客"（《汇》0161）、"粟客"（《汇》5549）、"戒客"（《汇》0163），等等。

从地名上也可以考证出不少楚玺，如"江夌（陵）行宫大夫钋"（《汇》0101）、"行府之钋"（《汇》0130）、"上场（唐）行宫大夫钋"（《汇》0099）、"坪（平）夜大夫网钋"（《汇》0102）、"五渚正钋"（《汇》0343）、"号（郾）易（阳）□钋"（《汇》0269）、"弌邡（弋）易（阳）君钋"（《汇》0002）等，有的地名可以和印的出土地点相对应，如"下蔡宫大夫钋"（《汇》0097），《金文分域编》谓出于寿县，正相符合。

楚玺有较多的出土记录可资参考。50年代以前安徽寿县出土的古玺，《安徽通志·金石古物考稿》、《金文分域编》等书有所记述。1953～1957 年于湖南长沙发掘楚墓，出土了二十余方铜印，极大部分是私玺，比较重要者有"大厩"、"区夫相钵"印等，详见《湖南省博物馆藏古玺印集》[9]。同书著录的、还有一些当地的征集品。安徽阜阳地区也出土了一些楚玺，如 1965 年于阜南阮城楼征集的"专室之钵"印，是供给驿传车马及行人饮食、休息的"传舍"所用印；1966 年于蚌埠废铜仓库拣选的"安州之钵"印、1975 年于阜阳插花庙征集的"萈里贁钵"印、1976 年于阜阳县合作社废铜仓库拣选的"靳东易（阳）宫大夫钵"印，是楚国地方行政机构宫、州、里一级的官印；1966 年于蚌埠废铜仓库还拣选到一方"左博钵"私印[10]。此外，1958 年于湖南常德德山楚墓[11]，1984 年于湖南古丈白鹤湾楚墓[12]，1958～1978 年于湖北鄂城钢铁厂楚墓[13]，以及湖北宜城楚皇城内[14]，均有楚私玺的发现。

1995 年于江苏苏州真山一座战国晚期墓葬中，出土了一方"上相邦钵"铜印，从文字风格可定为楚玺。此墓规格较高，战国晚期苏州一带是楚国春申君的封地，而春申君为相也见于典籍，墓主人为春申君黄歇的可能性最大。印文"相邦"一职，是战国晚期流行于三晋及秦的职官名，汉代为避刘邦讳改称"相国"。此印的出土，证实了楚国晚期也设有"相邦"一职[15]。能由印章确定见于史书中的人物，在古玺的发现中是极其罕见的。

另外，1984 年于河南息县宣楼村霸王台古城址附近出土一方"郢称"铜印，柱状方形，边长 1.1 厘米，通高 3.7 厘米，印文"郢称"（图九，5）两字为阳文。此印的柄部顶端有多次使用过的痕迹[16]。相同的铜印，中国历史博物馆也藏有两方，传安徽寿县出土[17]。这种铜印，或称之为"印模"，是楚国专门用来戳打黄金铸币的。出土的楚国金币上印文，除了"郢称"外，尚有"陈称"等多种印文。"郢"是楚国的都城，"陈"亦一度为楚都，货币上印有"郢称"或"陈称"印，表明它们是楚国的国家信用货币。这类玺印也是楚国所特有的。

齐玺的地域特色比较明显，官玺多呈方形，一般印面边长为2.3～2.5厘米，坛钮，白文为主。个别印面形制较特殊，于印面上方中间向上凸出一小块，或于印面上下中间均向外凸出，这种情况不见于他国玺印，如传世的"齐立邦钵"（图一○，1）印。有些印面无边栏，也有的作宽边。

齐玺文字的字形笔画匀称，但不如燕玺、三晋玺文字整饬。其布局随意性较大，尤其是一些大型官玺，更显粗犷的作风。如传出山东沂水的"易（阳）都邑墅（聚）徙圼之钵"（图一○，2）、"陈榑三立事岁右稟（廪）釜"（《汇》0290）等印，即是典型。后者为陶质玺，呈长方形，文字也较多，玺文内容常见于齐国陶量器上，应是制造陶量器时官方用印。再如1962年于河北唐山开滦金庄矿区井下出土的"会巠（其）坿（市）钵"（图一○，3）印[18]，边长3.2厘米，其风格也属于这种类型。山东曾出土过相同地名之"会丌（其）坙钵"印（《汇》0253），可证其为齐玺。

齐玺文字的构形也很有地方特色，如"马"字作𣎴，写法异于他国。"陈"字作墬，下从土，这是田齐"陈"字的特有写法，有别于中原的妫姓之陈。"者"字及从者旁的"都"字写作𡱈、𡱈、𡱈[19]。作为门关一类管理机构的"门"字写作"𨵸"[20]，如"𨵸（门）司马钵"印（图一○，4）。此外，齐玺文字中也有一些特殊的装饰笔划，如在文字竖划末尾附加赘笔，例如"匋"字写作🔲、"矸"字写作🔲，均其例。这种形式的饰笔，在齐国的铜器、陶器文字中较为多见，可作为判断齐玺的一条标准。

　　齐玺除了称印为玺外，或称"鉤"，如"左司马鉤"印（《汇》5540），"鉤"字疑为"节"。也有自称为"鍴"的，如"子杢子鍴"（图一○，5）印，字从金从🔲，与𨨑很可能同音，应是为玺印一类的"节"所造的专字[21]。玺文称"子某子"也是齐玺的特色，传世有"子栗子信鉥"（《汇》0233）等。

　　从地名上也可以确认齐玺。如上引唐山开滦金庄矿区同出的另一方"武城悬（置）皇（驲）"（图一○，6）印。齐国有武城邑，本为鲁地，见《左传》，战国时鲁被楚灭，一部分土地属齐所有。再如传世有"不箕（箕）坿（市）鍴"印，"不箕"即"不其"，《汉书·地理志》琅琊郡有不其县，故城在今山东即墨县西南，战国时属齐。又有"夜邑圣（垌）冢鉥"印（《汇》0265），"夜邑"，齐地名，见《战国策·齐策》貂勃常恶田单章。还如"武强圣（垌）冢鉥"印（《汇》0336）、"平陵县左稟（廪）鉥"印（《簠斋》1.15.3），"武强"、"平陵"均是齐地名。例多不备举。

　　50年代以前出土以及传世的齐国官、私玺，见于前人谱录。除了陈介祺的《十钟山房印谱》外，还有高庆龄《齐鲁古印捃》、郭裕之《续齐鲁古印捃》、孙文楷《齐鲁古印粹》、刘仲山《撷华斋古印谱》等。新出土齐玺不多，除了1964年冬在山东五莲盘古城发现的13方"左桁正木"烙印外[22]，见诸报道的还有80年代于山东苍山柞城故址出土的"茶大夫之鉥"印[23]，以及传出山东现藏中国历史博物馆的"安易（阳）

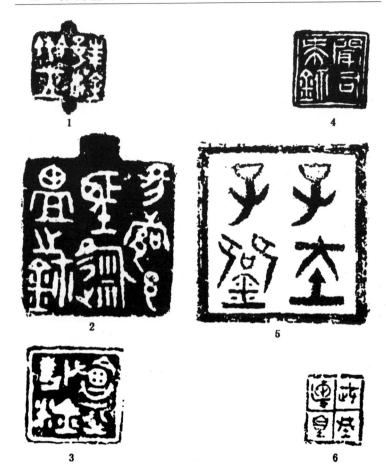

图一〇　战国齐玺

1.“齐立邦钵”　2.“易（阳）都邑坒（聚）徙昰之钵”

3.“会坒（其）坿（市）钵”　4.“闻（门）司马钵”

5.“子夆子鉴”　6.“武城惪（置）皇（驲）”

水钚"印[24]等。

燕国的官玺制作较规范，往往同类形制规格划一，常见有正方形和长条形两种形式。作正方形者，一般为坛钮，印面边长为 2.1～2.4 厘米，白文，印台与坡形钮座之间有明显的过渡台阶，为他国所不见[25]，如"坪（平）陰（阴）都司工"（图一一，1）印。个别有朱文者，尺寸略小，边长为 1.4～1.5 厘米，如"襄平右丞"（图一一，2）印。少数朱文大玺，印面甚大，字体深厚苍劲，颇具气势，如传世的"甫（浮）易（阳）鄪（镂）币（师）"印（《汇》0158），易县出土的"单佑都市钚"（图一一，3）印。内蒙古赤峰曾出土过一方古玺，形状与之相近[26]。燕玺作大型者，或与其用途有关。另一种作长条形，柱钮。出土的燕国陶器铭文，不少是用这种玺戳印而成。这种玺自名为"锱"、"伏锱"或"伏"，锱读为"瑞"[27]，伏读为"符"[28]。符、瑞，《说文》均训为"信"，正与玺印的功能相吻合。如"单佑都市王伏锱"印（图一一，4），是燕国单佑都地方管理市场之印。据《金文分域编》，此玺于光绪初年出土于河北易县西关，易县在战国时属燕下都，可证其为燕玺。故宫博物院收藏的一方"外司虘（炉）锱"（《汇》0365）印，也作长条形，"虘"即"炉"字异构，玺文与燕国货币明刀背文"外虘（炉）"相应，可见是掌管铸币的职司印[29]。这类长条形玺的一个特点是均作阳文，可能与用途有关。

燕玺文字的风格比较统一，线条匀称，结体工整规矩。但由于刻意雕凿，反而显得有些僵硬，流于呆滞。

燕玺文字颇多本地的特殊写法，如黄宾虹旧藏的一方"中军生车"（图一一，5）印，"中"字作**乎**，是燕国文字的特有

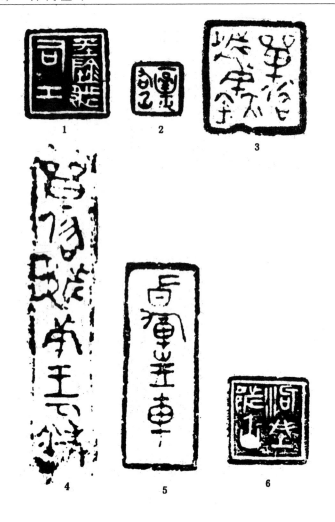

图一一   战国燕玺

1. "坪（平）险（阴）都司工"   2. "襄平右丞"   3. "单佑都市钵"

4. "单佑都市王伏镝"   5. "中军生车"   6. "沟城都丞"

写法。"坒车"读为"广车"，是一种兵车，见《周礼》[30]。据郑玄注，是"横阵之车"。据《金文分域编》，此玺出土于山东临淄，可能是燕人伐齐时的遗物，现藏浙江省博物馆。又如"都"字作🔲，所从的"者"旁易和"旅"字相混，这种写法与《汗简》所录的古文"都"字相近。地名称"都"，也是燕官玺一大特色，如"洵城都丞"（图一一，6）印。"丞"字作🔲，也是燕玺所独有。再如"乘"字作🔲、🔲；"平"字作🔲；"安"字作🔲，等等，不备举。

从可考的地名上，可以鉴别出不少燕官玺，如"夏屋都司徒"印（《汇》0015）、"方城都司徒"印（《汇》0016）、"洵城"印（《汇》0359）、"竖（上）谷和丞"印（《汇》0123）等。从字体上能确定燕官玺者甚多，但一些地名往往不见典籍记载，难以确切地认定。

燕国的私玺印文，习见"某生某"，如"良生右"（《汇》2713）、"公孙生易（阳）"（《汇》3897）、"王生乘"（《汇》3945）、"乔生逻"（《汇》4094）等。至于玺文中的"生"是否和金文一样也读为"甥"，以及"生"前面是否是玺主本人的氏，尚需作进一步推敲[31]。

燕玺除了易县燕下都有出土记录者外，见于报道的甚少。

春秋晚期，晋国六卿势强，经过一段时间的武力兼并，最后只剩下韩、赵、魏三家，瓜分了晋国。公元前403年，周威烈王正式命三家列为诸侯，从此韩、赵、魏三家建立了各自的诸侯国。由于历史的原因，韩、赵、魏三国古玺基本上保持相同的风格，除了个别确实可靠的地名和职官外，很难再加以细分。

三晋的官玺大都为朱文，笔画较细，文字秀丽。印面以小型为主，一般边长为 1.5 厘米，与常见的私玺相仿。坛钮，由于其印小，坡形钮座直接与印台相连，使钮座显得特别陡峭，整个印体也就显得格外厚重[32]。个别官玺的制形较大。

从地名上可以指出一批三晋玺。

属于韩国的，有"抧（折）司工"（图一二，1）印，"折"读为"制"，古邑名，战国时属韩，地在今河南荥阳县西北，离郑州不远。70 年代于郑州出土有"抧"字戳印的陶文[33]，可以印证。日本岩手县立博物馆藏有一方"上竖（党）逯（遻）司马"（图一二，2）印。"上党"，战国时韩郡，见《史记·赵世家》及《战国策·西周策》，治所在今山西长治市北。传世有"阳城冢"印（《汇》4047），"阳城"，原周之阳城邑，春秋时属郑，战国时归韩，见《史记·韩世家》及《郑世家》。1977 年，在河南登封告城镇发现了韩国的阳城古城址，出土的陶量器上有"阳城"、"阳城仓器"戳印[34]。

属于赵国的，有"汪匋（陶）右司工"印（图一二，3），"汪陶"，见于《汉书·地理志》，属雁门郡，战国时属赵，地在今山西山阴县；有"石城疆司寇"印（《汇》0078），"石城"，赵邑名，见《史记·赵世家》。上述两玺均出土于塞外[35]。内蒙古呼和浩特曾出土过一方"富昌韩君"（图一二，4）印[36]，"富昌"，赵地名，汉代属西河郡，见《汉书·地理志》，在今鄂尔多斯左翼前旗[37]。

属于魏国的，有"上各（洛）垟（府）"（图一二，5）印，"上各"读为"上洛"[38]，战国时属魏，见《战国策·秦策》；有"脩（修）武鄪（县）吏"（图一二，6）印，据考证，修武在战国时属魏，故城在今河南获嘉县[39]。传世还有"阳险（阴）都之□君垟（府）"印（《汇》0009），"阳阴"读为"荡阴"[40]，战国时魏邑，见《史记·鲁仲连传》。

三晋官玺中有不少带地名者，因确切地点待考，未能一一指明国别。

三晋玺文字构形也很有自己的地域特色。如"寇"字写作筏，从"伐"；"百"字作𡴜；"南"字作𡬙；"府"字写作𡉈或质；"丞"字作𦘕，"门"字写作"闫"，均其例。

从职官名上也可以确定三晋玺，如"司寇"一职，主要见于三晋玺；"视事"一职，迄今只见魏国器物。这些都可以作为鉴别三晋玺的标准。

另外，传世的古玺中，有些归属于三晋玺系统的，有可能属东周王室印，如"南宫酒（将）行"（图一二，7）印、"北宫皮自（官）"印（《汇》3998）。也有的属于这一地区的其他小国印，如"酆（曹）逸餼（贷）质（府）"印（图一二，8）、"句窐（浚）都□五"印（《汇》0353）。

新出土的三晋玺不多。30年代于河南汲县山彪镇战国一号墓扰土中发现一方"右工和田"（图一二，9）印[41]，1971年于山西榆次王湖岭四号墓出土一方"安国君"印[42]，两玺均为石质，可能是专门作为殉葬用的。另外，河南郑州二里岗[43]、山西侯马乔村[44]、长治分水岭[45]等的战国墓中都曾出土过铜质或玉质的单字玺。

秦玺及其文字风格与东方六国古玺相比，有显著的区别。研究者一般都将秦统一以前的秦国玺印不包括在"古玺"范围之内，而将其与秦代印合在一起，分列出"秦印"一类。其原因主要是这些玺印跟秦代印很难区别，而且秦篆与东方六国文字有着明显的不同。事实上秦统一以后仅仅存在了15年，秦国印和秦代印确实不易也不可能予以仔细区别，从考古学上讲

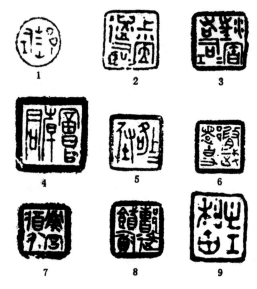

图一二　战国三晋玺

1.“拼（折）司工”　2.“上觉（党）逯（遽）司马”　3.“汪匋（陶）右司工”　4.“富昌韩君”　5.“上各（洛）坒（府）”　6.“脩（修）武郾（县）吏”　7.“南宫瘤（将）行”　8.“酆（曹）逸饐（贷）质（府）”　9.“右工和田”

也很难将统一前后的秦划分开来。因此，我们认为将秦印划属于古玺的范畴更为合理。但为了叙述方便，兹将秦印另列专章予以介绍。

注　释

［1］曹锦炎《古玺通论》第4页，上海书画出版社1996年版。

［2］李学勤《东周与秦代文明》第326页，文物出版社1984年版。

［3］《湖南文物图录》图版59，湖南人民出版社1964年版。

[4] 湖北省荆沙铁路考古队《包山楚简》第 41 页，文物出版社 1991 年版。

[5] 吴晓玲等《新发现的"大莫器"古玺考略》，《文物研究》第 3 期，1988 年。

[6] 罗福颐主编《古玺汇编》，文物出版社 1981 年版。以下均简称《汇》。

[7] 湖北省荆沙铁路考古队《包山楚简》，文物出版社 1991 年版。

[8] 湖北省博物馆《曾侯乙墓》，文物出版社 1989 年版。

[9] 湖南省博物馆编《湖南省博物馆藏古玺印集》，上海书店 1991 年版。

[10] 韩自强《安徽阜阳博物馆藏印选介》，《文物》1988 年第 6 期。

[11] 湖南省博物馆《湖南常德德山楚墓发掘报告》，《考古》1963 年第 9 期。

[12] 湖南省博物馆、湘西土家族苗族自治州文物工作队《古丈白鹤湾楚墓》，《考古学报》1986 年第 3 期。

[13] 湖北省鄂城县博物馆《鄂城楚墓》，《考古学报》1983 年第 2 期。

[14] 王少泉《襄樊地区出土的几方铜印》，《江汉考古》1990 年第 1 期。

[15] 张照根《苏州真山墓地出土大量珍贵文物》，《中国文物报》1995 年 11 月 19 日；曹锦炎《"上相邦玺"考》，《中国文物报》1995 年 12 月 17 日。

[16] 张泽松《息县发现"郢爯"铜印模》，《中国文物报》1989 年 7 月 28 日。

[17] 中国历史博物馆《简明中国历史图册》第 3 册第 107 页，天津人民美术出版社 1979 年版。

[18] 石志廉《馆藏战国七玺考》，《中国历史博物馆馆刊》第 1 期，1979 年。

[19] 朱德熙《战国陶文和玺印文字的"者"字》，《古文字研究》第 1 辑，中华书局 1979 年版。

[20] 裘锡圭《战国货币考》，《北京大学学报》1978 年第 2 期。

[21] 裘锡圭《战国文字中的"市"》，《考古学报》1980 年第 3 期。

[22] 孙敬明、高关和、王学良《山东五莲盘古城发现战国齐兵器和玺印》，《文物》1986 年第 3 期。

[23] 刘心健等《苍山县柞城故址发现铜印等文物》，《文物》1984 年第 8 期。

[24] 同 [18]。

[25] 叶其峰《战国官玺的国别及有关问题》，《故宫博物院院刊》1981 年第 3 期。

[26] 同 [2]，第 330 页。

[27] 从李家浩说，见注 [2] 第 328 页引。

[28] 何琳仪《战国文字通论》第 248 页，中华书局 1989 年版。

[29] 石志廉《战国古玺考释十种》，《中国历史博物馆馆刊》第 2 期，1980 年。

[30] 同 [2]，第 29 页。

[31] 李学勤《鲁方彝与西周商贾》，《史学月刊》1985 年第 1 期。

[32] 同［25］。

[33] 牛济普《郑州、荥阳两地新出战国陶文介绍》,《中原文物》1981 年第 1 期。

[34] 同［2］,第 51 页。

[35] 柯昌济《金文分域编》。

[36] 同［35］。

[37] 同［2］,第 330 页。

[38] 参见吴振武《〈古玺汇编〉释文订补及分类修订》,《古文字学论集初编》,香港中文大学 1983 年版。

[39] 顾观光《七国地理考》卷五。

[40] 同［38］。

[41] 郭宝钧《山彪镇与琉璃阁》,科学出版社 1959 年版。

[42] 王克林《山西榆次古墓发掘记》,《文物》1974 年第 12 期。

[43] 河南省文化局文物工作队《郑州二里岗》,科学出版社 1959 年版。

[44] 山西省文物工作委员会写作小组《侯马战国奴隶殉葬墓的发掘》,《文物》1972 年第 1 期。

[45] 山西省文物管理委员会、山西省考古研究所《山西长治分水岭战国墓第二次发掘》,《考古》1964 年第 3 期。

四　古玺与古玺文字研究

对古玺的考证研究，始于清季。

清光绪九年（公元 1883 年），吴大澂按《说文解字》的顺序，完成了《说文古籀补》的撰集工作，光绪二十四年（公元 1898）年，又重订印行。此书的正编收字 1400 余字，其中古玺文字就达 570 余字，代表了当时对古玺文字认识的水平。虽然这是一部以金文为主的字书，而且以今天的眼光来看，有些古玺文字的释读不无可商之处，但是大多数还是正确的，尤其为古玺文字的系统整理奠定了基础。开创之功，自不可没。嗣后，1925 年丁佛言编纂《说文古籀补补》、1935 年强运开编纂《说文古籀三补》，都是吴书的续补之作。

1915 年，罗振玉于《赫连泉馆古印存序》中指出："古玺中有成语印，如得志、右生、安官、敬事、明上之类"，次年他作《赫连泉馆古印续存序》，更进一步确定古玺中有"成语印"。1925 年前后，王国维根据罗福颐所辑的《古玺文字征》稿本中的一些古玺文字[1]，在《桐乡徐氏印谱序》中列举《正始石经》古文、《说文》古文与战国文字大量相合的例子，认定古玺文字为六国古文[2]。同时，他又指出："然则兵器、陶器、玺印、货币四者，正今日研究六国文字之惟一材料，尤为重要，实与甲骨、彝器同。"王国维的结论拨开迷雾，在古玺文字及战国文字的研究方面意义巨大。1930 年，罗福颐编纂的《古玺文字征》（与《汉印文字征》合为一书）正式出版，这是他花费多年心血搜集古玺文字资料的结晶。共收录可识的古玺文字计有 629 字（其中见于《说文》者为 419 字），入于附录不识的字约 650 字。这是第一部古玺文字的专书。可以说，从吴大澂《说文古籀补》的草创开始，到罗福颐《古玺文字征》的出版，标志着古玺研究已经发展到成熟时期。

其后一段时间内，古玺研究的进展比较缓慢。较为重要的有陈邦福的《古钵发微》[3]，分类别、钵式、钮式、辨质、余说五章，虽属综论性，且又简略，但某些看法却颇有见地。另有王献唐的《五镫精舍印话》[4]，作于 1935～1937 年之间，内容广泛，涉及玺印的形制、时代和印文考释、玺印制度、印史等，有些问题研究得很深入，不失为一部重要的印学专著。

1949 年新中国建立以来，由于考古工作的蓬勃开展，新发现的文物层出不穷。随着古文字研究的不断深入，古玺的研究也进入了一个崭新的时期。

1958 年，吴朴堂整理的黄宾虹遗著《宾虹草堂玺印释文》在上海出版，这是第一部以考释古玺为主的专书。先是，黄宾虹搜集古玺印数十年，曾编有《宾虹草堂藏古玺印》等印谱数种，并潜心古玺文字的研究，积释文稿六大册，为其一生精力所萃。原稿收古玺印 700 余方（以古玺为主），此书仅选取 239 方。手稿现藏浙江省博物馆，近经整理，已于 1995 年将重要者全部发表[5]。需要指出的是，黄宾虹研究古玺文字很早，作为一位画家的业余爱好，他对若干玺文的释读却颇为精审，是十分难能可贵的。如释"中躬"印文，他指出："假'躬'为'身'，身、信音同"，根据其他古文字材料来看，黄氏的说法非常正确。再如他释出的"齰"、"庆"等字，均为确切不易。

1959 年 7 月至 9 月的《文物》杂志上连载了李学勤的《战国题名概述》。其中古玺方面，不仅对传世的重要古玺及特征予以介绍和补充，而且第一次按地域指出其特点。这是 50 年代古玺研究的重要里程碑。

1972 年，朱德熙、裘锡圭合作发表了《战国文字研究（六种）》一文，其中《遷叩考》专门就古玺文中的"臾皇"进行研究，认为"臾"即"虞"字，读为"遷"；"皇"即"辵"字，读为"叩"，"遷叩"是管理传驿的官职。另外，文中还就传驿官玺上的文字作了考释，解决了古玺中的一些疑难字[6]。次年，两位作者又联名发表了《战国铜器铭文中的食官》一文，论证了战国时代以"自"为"官"字，考释出古玺中的"官"字及从"官"的字[7]。

70 年代末到 90 年代，古玺研究进入了高潮时期，大量的研究论文和有关专著犹如雨后春笋般涌现出来。

1978 年，史树青在《光明日报》上发表了《从"夏虚都"三玺谈夏朝的都城》一文[8]，考证了《古今印汇》所著录的"夏屋都左司马"、"夏屋都丞"印及故宫博物院收藏的"夏屋都司徒"印，引起争论。后来黄盛璋发表《所谓"夏虚都"三玺与夏都问题》的商榷文章，提出这类玺应是燕国印[9]。于豪亮《古玺考证》一文，考证出传世的"长平君相室玺"印也属于燕玺，属家臣之印[10]。1978 年 12 月，在长春召开的中国古文字研究会第一届年会上，朱德熙提交的《战国陶文和玺印文字的"者"字》一文，释出了古玺中的"者"和"都"字[11]。朱德熙的《释桁》专门考证齐国的林衡官玺[12]。

1983 年在香港召开的国际中国古文字研讨会上，朱德熙发表《战国文字中所见有关廏的资料》[13]及次年初曹锦炎发表的《释战国陶文中的"䞘"》[14]，都讨论了印在齐、燕陶量器上的"䞘"字，前者将其释为"殷"，读为"廏"；后者将其释为"䞘"，读为"栗"，认为是《周礼·考工记》记载的量器制作官职"栗氏"。石志廉发表的《馆藏战国七玺考》、《战国古玺考释十种》、《会平市钚补释》[15]，也讨论了几方齐、燕官玺。讨论齐、燕玺的，还有葛英会《战国齐"徒虰"与"爰土易居"》[16]、曾宪通《论齐国"遝盟之玺"及其相关问题》[17]、董珊《古玺中的燕都蓟及其初封问题》[18]。

研究楚玺的文章较多，如李学勤《楚国夫人玺与战国时代的江陵》[19]，汤余惠《楚器铭文八考》[20]、《楚玺两考》[21]，李家浩《楚国官印考释（四篇）》[22]，郑超《楚国官玺考述》[23]，牛济普《楚系官玺例举》[24]，黄盛璋《战国"江陵"玺与江陵之起因沿考》[25]，曹锦炎《释楚国的几方烙印》[26]、《"上相邦玺"考》[27]，罗运环《论楚玺及其它》[28]，刘钊《楚玺考释（六篇）》[29]，以及裘锡圭《"诸侯之旅"等印考释》[30]等，都是研究楚官玺的重要论文。

黄盛璋的《"匈奴相邦"印之国别、年代及相关问题》，认为传世的这方"匈奴相邦"玉印，应为三晋官玺[31]。李家浩《先秦文字中的"县"》一文，考释出古玺中的"鄎"即"县"字，解决了一批三晋县玺[32]。林杰《赵太后玺新证——释"肖夫句"》，则是专门讨论赵玺的[33]。

对古玺和古玺文字作分国研究的，主要有叶其峰的《战国官玺的国别及有关问题》[34]，这是一篇较重要的古玺分国研究论文。《战国文字中的"市"》是裘锡圭的力作[35]，发表于1980年，该文结合其他古文字资料，考释出古玺中不同国家

"市"字的构形，为古玺的分国研究开辟了一条通道。吴振武的《战国"㐭（廪）"字考察》[36]，对古玺中的"廪"字也作了详细的分国研究。

　　着重于古玺文字考释方面的，有裘锡圭的《战国玺印文字考释三篇》，考释出古玺中的"脂"、"脂"、"絲"及以这些字为偏旁的一系列字，是发明最多的一篇论文[37]。曹锦炎《释牵——兼释续、渎、窦、鄩》一文，考释出古玺中的"牍"字及从牍声的一系列字[38]。朱德熙《古文字考释四篇》，也释出了古玺中的"牍"字，还释出了古玺中的"㝵"（读为"郭"）字和"受"字[39]。李家浩《战国时代的"家"字》一文，释出了古玺中的"家"字[40]，他的《信阳楚简"浍"字及从"关"之字》，附带考释出古玺中从"会"的字[41]。何琳仪的《古玺杂识》，考释了古玺中的 12 个字，有不少新的见解[42]。汤余惠的《略论战国文字形体研究中的几个问题》[43]，是作者博士论文的核心部分，文中新释出了古玺中一些字，如从"告"的字、从"尧"的字，从"戒"的字等。吴振武的《古玺合文考》一文，集中考释了古玺中 18 个合文[44]。曹锦炎的《战国玺印文字考释（三篇）》[45]，也是考释古玺合文之作。此外，石志廉《战国古玺文字考释十一种》[46]，刘钊《玺印文字释丛（一）》[47]，张如元《战国玺印文字考释丛札》[48]，陈汉平《古文字丛释》[49]，徐宝贵《战国玺印文字考释七篇》[50]等，都是考释古玺文字的。陈尔俊《战国古玺文字字形增省例》一文[51]，则是研究古玺字形之作。

　　综合方面的论文，有林素清的《先秦古玺文字研究》[52]，这是第一篇以古玺文字为题的硕士学位论文。裘锡圭《浅谈玺形文字的研究》[53]，对古玺文字研究的各个方面作了扼要的介绍。马国权《古玺文字初探》一文[54]，综述了古玺文字的源流和特征，并对前人的研究成果作了系统的总结。罗福颐《近百年来古玺文字之认识和发展》一文[55]，对古玺文字的研究作了历史的回顾。

另外，叶其峰的《战国成语玺析义》，专门考释了成语玺的含义[56]。王人聪的《古玺考释二则》，讨论了两类成语玺[57]。

罗福颐的《古玺印概论》1981 年由文物出版社出版，是一部古玺印方面的通论性著作。1963 年由罗福颐和王人聪合著的《印章概述》[58]一书的内容，基本上已收入其中。由罗福颐主编的《古玺汇编》及其姐妹作《古玺文编》，也于当年相继问世[59]。前者是当前最完备的古玺结集，清代以来已见著录的和全国各地文博单位等机构所藏的古玺，以及《文物》、《考古》等杂志上发表过的新出土古玺，基本上都囊括在内。全书共收古玺 5708 方，堪称集古玺之大成。后者是以前者所收的材料为基础，按《说文解字》部首编列的一部古玺字书。两书互为表里，经纬相辅，为古玺及古玺文字的研究提供了十分有利的条件。对《古玺汇编》的释文和编排的商榷意见，有吴振武的《〈古玺汇编〉释文订补及分类修订》[60]、施谢捷的《〈古玺汇编〉释文校订》[61]。对《古玺文编》作重点校正的，有吴振武的《〈古玺文编〉校订》[62]。尤以吴文在释文方面发明较多。

介绍 1949～1980 年在国内文物、考古书刊上发表的新出古玺资料以及研究情况的书，有王人聪编的《新出历代玺印集录》、《新出历代玺印集释》两书[63]。1983 年以后的情况，每年的《中国考古学年鉴》上均有简明的记录，可供参考。

近年来，连续出版了几本古文字方面的专著，如李学勤的《东周与秦代文明》[64]，高明的《中国古文字学通论》[65]，裘锡圭的《文字学概要》[66]，陈炜湛、唐钰明的《古文字学纲要》[67]，陈世辉、汤余惠的《古文字学概要》[68] 和何琳仪的《战国文字通论》[69] 等，或详或略，都以一定的篇幅列出专节，讨论古玺，尤以前两书为最。另外，1970 年出版的那志良的《钵印通释》[70]，1986 年出版的林素清的《篆刻》[71]，1987 年出版的沙孟海的《印学史》[72]，1989 年出版的《中国美术全集·书法篆刻编》第七分册《玺印篆刻》马承源的序论文章[73]，1993 年出版的陈松长的《玺印鉴赏》[74]，1995 年出版的张锡瑛《中国古代玺印》[75]，1996 年出版的王廷洽的《中国印章史》[76]，1997 年出版的叶其峰的《古玺印与古玺印鉴定》[77] 等，也对古玺的若干问题，或详或略，作了很好的讨论。

曹锦炎的《古玺通论》出版于 1996 年[78]。全书共分十章，对古玺从时代、形制、分类、文字释读、国别隶属等详作论证，并对近五十年来的古玺研究作了历史的回顾，对已著录的传世及出土的古代官玺重点作了分国考述。这是目前惟一的一部以古玺为题材的通论性学术专著。

注　释

[1] 罗福颐《近百年来对古玺文字之认识和发展》，《古文字研究》第 5 辑，中华书局 1981 年版。

[2] 王国维《观堂集林》卷六，中华书局 1959 年版。

[3] 石印自刊本，未署出版年月。

[4] 原稿经整理于 1985 年由齐鲁书社出版。

［5］曹锦炎主编《黄宾虹古玺印释文选》，上海书画出版社 1995 年版。

［6］《考古学报》1972 年第 1 期。

［7］《文物》1973 年第 12 期。

［8］《光明日报》1978 年 2 月 10 日。

［9］《河南文博通讯》1980 年第 3 期。

［10］《古文字研究》第 5 辑，中华书局 1981 年版。

［11］《古文字研究》第 1 辑，中华书局 1979 年版。

［12］《古文字研究》第 12 辑，中华书局 1985 年版。

［13］《古文字学论集初编》，香港中文大学 1983 年版。

［14］《考古》1984 年第 1 期。

［15］分别刊于《中国历史博物馆馆刊》第 1 期，1979 年；第 2 期，1980 年。

［16］《中国历史博物馆馆刊》第 15、16 期（合），1990 年。

［17］《容庚先生百年诞辰纪念文集》（古文字研究专号），广东人民出版社 1998 年版。

［18］《江汉考古》1993 年第 4 期。

［19］《江汉论坛》1982 年第 7 期。

［20］《古文字论集》（一），《考古与文物丛刊》第 2 号，1983 年。

［21］《江汉考古》1984 年第 2 期。

［22］同［21］。

［23］《文物研究》第 2 辑，黄山书社 1986 年版。

［24］《中原文物》1992 年第 3 期。

［25］《江汉考古》1986 年第 1 期。

［26］《江汉考古》1993 年第 2 期。

［27］《中国文物报》1995 年 12 月 17 日。

［28］同［17］。

［29］《江汉考古》1991 年第 1 期。

［30］《文物研究》第 6 辑，黄山书社 1990 年版。

［31］《文物》1983 年第 8 期。

［32］《文史》第 28 辑，中华书局 1987 年版。

［33］《河北学刊》1988 年第 3 期。

［34］《故宫博物院院刊》1981 年第 3 期。

［35］《考古学报》1980 年第 3 期。

［36］《考古与文物》1984 年第 4 期。

[37]《古文字研究》第 10 辑，中华书局 1983 年版。

[38]《史学集刊》1983 年第 3 期。

[39]《古文字研究》第 8 辑，中华书局 1983 年版。

[40]《语言学论丛》第 7 辑，商务印书馆 1981 年版。

[41]《中国语言学报》第 1 期，商务印书馆 1983 年版。

[42]《辽海文物学刊》1986 年第 2 期。

[43]《古文字研究》第 15 辑，中华书局 1987 年版。

[44]《古文字研究》第 17 辑，中华书局 1989 年版。

[45]《考古与文物》1985 年第 4 期。

[46]《中国历史博物馆馆刊》第 13、14 期（合），1988 年。

[47]《考古与文物》1990 年第 2 期。

[48]《温州师专学报》1986 年第 3 期。

[49]《出土文献研究》，文物出版社 1985 年版。

[50]《考古与文物》1994 年第 3 期。

[51]《文物研究》第 3 辑，黄山书社 1988 年版。

[52] 台湾大学硕士学位论文，1976 年（油印本）。

[53]《中国文物报》1989 年 1 月 20 日。

[54] 中国古文字研究会第三届年会论文，1980 年，成都（油印本）。

[55]《古文字研究》第 5 辑，中华书局 1981 年版。

[56]《故宫博物院院刊》1983 年第 1 期。

[57]《中国语文研究》第 6 期，香港中文大学 1983 年版。

[58] 三联书店 1963 年版。

[59] 文物出版社 1981 年版。

[60] 同 [13]。

[61] 同 [17]。

[62] 吉林大学博士学位论文，1984 年（油印本）。

[63] 香港中文大学文物馆专刊之二，1982 年；专刊之三，1987 年。

[64] 文物出版社 1984 年版。

[65] 文物出版社 1987 年版。

[66] 商务印书馆 1988 年版。

[67] 中山大学出版社 1988 年版。

[68] 吉林大学出版社 1988 年版。

[69] 中华书局 1987 年版。

[70] 台湾商务印书馆 1970 年版。

[71] 台北幼狮文化事业公司 1986 年版。

[72] 西泠印社 1987 年版。

[73] 上海书画出版社、上海人民美术出版社 1989 年版。

[74] 漓江出版社 1993 年版。

[75] 地质出版社 1995 年版。

[76] 华东师范大学出版社 1996 年版。

[77] 文物出版社 1997 年版。

[78] 上海书画出版社 1996 年版。

五 秦印和秦封泥

　　明人董说曾谓，秦国"有司之赐印，自秦孝公变法始耳"[1]。从湖北云梦睡虎地出土的秦简来看，战国时代的秦国已经普遍实行了任官赐印制度，并有种种法律规定。当时使用印章很广泛，如"传"、公文等的封缄，财物的封存，为官府收受货币，入仓谷物的封存，司法中的查封等等，都需要官府用印[2]。

　　秦官印基本上为白文凿款，个别偶作铸款者。有边栏。印面大都有界格，方形印面作"十"字界格（或称"田"字格），如"邦司马印"（图一三，1）印；长方形印面作横界格（或称"日"字格，习称半通印），如"私府"（图一三，2）印。也有少数官印的印面作竖界格的。方形印面的边长一般为 2.2～2.4 厘米，部分较小者在 1.8～2.1 厘米之间。长方形的印面一般宽为 1.2～1.3 厘米，长为 2.3～2.4 厘米，小者宽为 1.1 厘米，长为 1.8～1.9 厘米[3]。其印面作长方形或正方形，在于区别官阶的高低，长方形印的官阶是较低的[4]。方形印中也有一部分并不作正方，而是一边稍长，如"修武库印"（图一三，3）印。

　　秦私印的印面往往作长方形，如"李薄"（图一三，4）印，也有作其他形式的，如方形、椭圆形、圆形、曲尺形等。有的圆形印面分为三格，如"赵部者"（图一三，5）印，此种形式多见于秦地，四川巴县冬笋坝 24 号墓出土一方残印，也是这种形制[5]。

秦官印的钮式，一部分作坛钮，印背作倾斜的平台，台顶与钮脚相接，从侧面看两层有叠形如坛状；另一部分作瓦钮。后者的钮式也见于西汉初期的官印，而几乎不见于古玺，所以其制作年代显然要晚于前者[6]。

秦印的文字风格与东方六国古玺相比，有着显著的区别。其字形略长，线条圆转流畅，结体紧凑，笔法自然有力。传世的秦诏版、秦虎符及秦权上的文字与之较相近。相对来说，秦文字比六国文字较多地保留了宗周的传统正体，虽然秦文字不免也有俗体，但是它比较侧重于用方折、平直的笔法去改造正体，而不是去创新。所以，其字形一般也和传统正体有联系。秦文字的正体后来演变成小篆，其俗体则发展成为隶书[7]。反映在秦印上的，如1975年在湖北江陵凤凰山70号秦墓出土的两方"泠贤"私印（均为玉印），一方文字用正体，另一方文字用俗体（图一三，6）[8]，正是小篆与隶书的先声。

秦印的最显著特点，是官印不称"钵"而只称"印"。也有个别私玺称"印"的，如"大夫奕私印"（图一三，7）印。尤其是有些"印"字末笔行笔至中间部位陡然往下拖曳，更是辨别秦印的一个标准[9]，如"公主田印"（图一三，8）印。此外，在印文的排列顺序上也很有特色，主要有以下三种格式：一是竖读，自右上角起，由上至下顺读，如"中行羞府"（图一三，9）；二是横读，从右上角起，由右至左横读，如"废丘左尉"（图一三，10）；三是交叉读，或从右上角起，如上举之"修武库印"及"右廄将马"（图一三，11），或从左上角起，如"南宫尚浴"（图一三，12），这种格式极少见。尤其是交叉格式，已得到云梦秦简所证实。

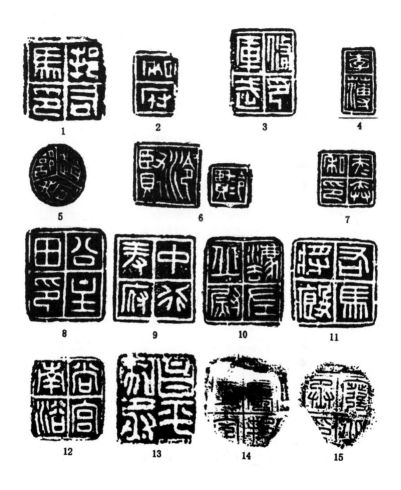

图一三　秦印和秦封泥

1．"邦司马印"　2．"私府"　3．"修武库印"　4．"李薄"　5．"赵部耆"
6．"泠贤"　7．"大夫奕私印"　8．"公主田印"　9．"中行羞府"　10．"废丘
左尉"　11．"右廄将马"　12．"南宫尚浴"　13．"昌平家丞"　14．"属邦工
室"　15．"废丘丞印"

公元前 221 年，秦始皇嬴政兼并六国，建立起统一的中央集权制国家。自此作为权力象征的玺印从外形、质地到印文，开始有了明确的定制。官印作为国家政权授官任职以及官吏行使职权的凭证，从中央机构到地方郡县甚至乡、亭、里的各级官吏，都普遍使用。其建立的一整套制度，为两汉、魏晋时代的印章制度奠定了基础。

传世及出土的秦官印数量不少，清季学者陈介祺在《封泥考略》中首次明确标出"秦印"。他提出的秦印标准主要是职官、地理符合秦制，印文风格同石鼓文、李斯小篆，印面有"十"字栏界格等，应该是比较清楚的。尽管如此，50 年代以前的学者对秦印的特点还是掌握不够，周秦印、秦汉印混淆的现象仍然为数不少。

当代学者在前人的基础上更进一步，清楚地指出秦印的各种特征。主要研究成果除见于 1963 年出版的罗福颐、王人聪的《印章概述》[10]以及 1981 年出版的罗福颐的《古玺印概论》[11]外，还散见于不少有关的论文。如赵超《试谈几方秦代的田字格印及有关问题》[12]，叶其峰《秦汉南北朝官印鉴别方法初论》[13]，王辉《秦印探述》[14]、《秦印零拾》[15]，萧高洪《秦印的特点及其形成的文化背景》[16]，王人聪《考古发现所见秦私印述略》[17]，以及牛济普《秦印琐记》[18]，秦进才、武峰《秦印浅谈》[19]等文，都是这方面的代表作。利用秦印资料研究秦代土地制度的，有裘锡圭《从出土文字资料看秦和西汉时代官有农田的经营》一文[20]。他根据"小殿南田"等秦印推测，秦代的官署大概有不少经营着属于他们的农田。秦印中还有"右公田印"，可能是某县经营官有农田之官所使用。从"官田臣印"结合睡虎地秦简，可以知道当时在官有农田上把隶臣等官奴、刑徒用作重要劳力。

王人聪于 1990 年发表的《秦官印考述》，收入他与叶其峰合著的《秦汉魏晋南北朝官印研究》一书[21]，这是迄今为止对秦官印最系统的研究力作，可以说体现了当今研究秦官印的最新水平。他根据罗福颐主编的《秦汉南北朝官印征存》一书所著录的资料，对 65 方秦官印作了全方位的讨论，对秦印的界定列举多达十一点。例如他指出秦印除自右竖读外更有横读和交叉读，坛钮的下限不晚于秦，秦印"字不盈空，并不讲求填满印面"等等，均是发前人所未发，颇受学术界所首肯。1996 年出版的曹锦炎的《古玺通论》"秦印"一章对王文有所增补和新释[22]。近年，王辉应约作《秦文字集证》一书，其第四章为《秦印通论》，综合学人研究成果，也提出了个人的许多新看法。该章收秦印（包括封泥）多达 784 方，考释文字约 15 万字，代表了秦印研究的最新成果[23]。

80 年代以前出土和传世的秦官印，基本上都已收入罗福颐主编的《秦汉南北朝官印征存》一书中。80 年代以来，出土的秦官印甚少，见于报道的有 1981 年在陕西黄龙南窑出土的"私府"印[24]，1980 年在陕西渭南阳郭出土的"昌平家丞"（图一三，13）印[25]，以及近年于江苏宜兴发现的"左田之印"印[26]。此外，1967 年于河北保定发现的"安平乡印"印[27]，原报道误为东汉印，其实是秦代的乡官印。1966 年于蚌埠废铜仓库拣选到一方"安石里典"印。"里典"一职，尚不见于现存古籍，但云梦睡虎地秦简中却多次出现"里典"、"典"的职名，《汇》3232 也作"颛里典"。据秦简整理小组注谓："秦里设里正，见《韩非子·外储说右下》，简文作里典当系避秦王政讳而改。"这枚秦代里典印为以上推论提供了新证[28]。

新发现的秦私印不少，主要出土于陕西、四川一带。如陕西咸阳长陵车站南出土的"彭祖"、"徒唯"印[29]，汉中沙沿杨家山墓葬出土的"赵衷"印[30]，宝鸡李家崖墓葬出土的"王盼"印[31]，均铜质。以及近年咸阳出土的"张登"、"起褐"、"臣裯"、"裯印"玉印[32]。四川芦山也陆续出土了"杨为"、"求醜"、"王子"等五方铜印[33]。此外，山西朔县[34]和河南泌阳[35]、商水[36]等地也有出土。除了几方玉印外，均为铜印。70年代于秦都咸阳古城遗址曾出土一方"咸郦里□"陶印[37]，与出土的秦陶器上的戳印文正相符。

80年代后期至90年代，陆续有不少内地出土的秦印流入香港市肆，大都为私印，也有少量官印，如"栎阳乡印"、"船里"、"武柏私印"等，不乏精品。主要著录于《香港中文大学文物馆藏印续集二》[38]、《珍秦斋古印展》[39]两书中。后者书中收有一方"郝（郝）氏"私印，印体四侧有错银文字，作"忩罙（深）冥，欲毋思"，为箴言。印之有边跋者，此为首创。

1995年夏，陕西西安市郊出土了一大批秦封泥，很快流入市肆。大部分由路东之（梦斋）收得，一部分为傅嘉仪所得，还有一部分流入香港，为澳门收藏家萧春源（珍秦斋）所得。此外，陕西省博物馆、陕西省考古研究所等单位及日本古河市立篆刻美术馆等也有少量收藏。初传出土地点在秦章台宫附近的大、小白杨村之间，后经考古工作者的认真调查和寻找，终于确认其出土地点在西安市北郊相家巷村。1997年初，西安市文管会在相家巷附近发掘一灰坑，又获得大批秦封泥。据陈根远考证，其地即在秦甘泉宫附近[40]。

1995 年，孙慰祖于澳门见到这批封泥的实物后，首先著文披露，从文字和形制判断其属秦代，推断当出于关中一带[41]。1997 年第 1 期的《考古与文物》杂志发表了周晓陆、路东之《秦代封泥的重大发现——梦斋藏封泥的初步研究》一文，全面公布了这批新材料。不久，1997 年 4 月 9 日的《书法报》发表了傅嘉仪的藏品，1997 年第 6 期《收藏》也有刊布。同时，《西北大学学报》1997 年第 1 期发表了李学勤、周伟洲、黄留珠、周天游、余华青、张懋镕、周晓陆等的研究文章。嗣后，《秦陵与秦俑研究动态》、《考古与文物》等又陆续发表了几篇文章，对之展开了热烈的讨论。1996 年末，西北大学还就秦封泥举行了专题学术研讨会[42]。

相家巷陆续出土的秦封泥，据不完全统计，数量已多达 2000 余方。经初步整理，不重复者约 300 余品，其中中央职官封泥约 120 余种。关于这批封泥的时代，学者们比较倾向属于秦代，少数封泥还可上推到秦统一以前，但绝无汉初遗物。除了封泥文字特点、印面界格等证据外，主要根据是印文中许多职官、地理仅合于秦制和秦时，如"属邦工室"（图一三，14）、"属邦工丞"、"咸阳"、"咸阳丞印"、"咸阳亭印"、"上郡侯丞"、"邯郸造工"、"邯造工丞"、"废丘丞印"（图一三，15）、"杜南苑丞"、"内史之印"等，均其例。

由于相家巷出土的秦封泥不用封泥匣，而且又有那么多数量的秦封泥集中一地出土，有学者怀疑其并非是作为封缄之用，而是出于中央官署颁印后之存档需要。如若此推论成立，这对封泥的使用又提出了一个新的课题。

相家巷出土的秦封泥数量庞大，内容涉及秦职官、地理、文字等诸方面。随着研究的不断深入，其重要价值愈益明显。

专门介绍、研究这批封泥的著作——《秦封泥集》,由周晓陆、路东之编著,2000 年由三秦出版社出版。此书的问世必将掀起研究秦印秦封泥的新高潮。

注　释

[1]《七国考·秦器物》。

[2] 高恒《秦简中与职务有关的几个问题》,《云梦秦简研究》,中华书局 1981 年版。

[3] 王人聪《秦官印考述》,《秦汉魏晋南北朝官印研究》,香港中文大学文物馆专刊之四,1990 年。

[4] 王献唐《五镫精舍印话》,齐鲁书社 1985 年版。

[5] 四川省博物馆《四川船棺葬发掘报告》插图 60·11,文物出版社 1960 年版。

[6] 同 [4]。

[7] 裘锡圭《文字学概要》第 52 页,商务印书馆 1988 年版。

[8] 印文见吴白匋《从出土秦简帛书看秦汉早期隶书》,《文物》1978 年第 2 期。

[9] 同 [3]。

[10] 三联书店 1963 年版。

[11] 文物出版社 1981 年版。

[12]《考古与文物》1982 年第 6 期。

[13]《故宫博物院院刊》1989 年第 3 期。

[14]《文博》1990 年第 5 期。

[15]《秦陵秦俑研究动态》1998 年第 2 期。

[16]《江西文物》1990 年第 3 期。

[17]《南方文物》1994 年第 4 期。

[18]《中原文物》1988 年第 4 期。

[19]《历史知识》1983 年第 1 期。

[20] 载《中国考古学与历史学之整合研究》,中央研究院历史语言研究所会议论文集之四,台北,1997 年。

[21] 同 [3]。

[22] 上海书画出版社 1996 年版。

[23] 台北艺文印书馆 1999 年版。

[24] 齐鸿浩《黄龙征集一战国秦"私府"印》，《中国文物报》1988 年 8 月 19 日。

[25] 左忠诚《渭南市博物馆收藏七枚秦汉铜印章》，《文博》1987 年第 2 期。

[26] 孙慰祖《阳羡新出秦汉官印考》，《孙慰祖论印文稿》，上海书店出版社 1999 年版。

[27] 郑绍宗《河北古代官印集释》，《文物》1984 年第 9 期。

[28] 韩自强《安徽阜阳博物馆藏印选介》，《文物》1988 年第 6 期。

[29] 西安市文物管理处《秦都咸阳故城遗址发现的窑址和铜器》，《考古》1974 年第 1 期。

[30]《文博》1985 年第 5 期。

[31] 何欣云《宝鸡李家崖秦国墓葬清理简报》，《文博》1986 年第 4 期。

[32] 李朝阳等《咸阳市杨陵区出土的一批秦汉印章与考释》，《文物春秋》1994 年第 2 期。

[33] 周日琏《四川芦山出土巴蜀符号印及战国秦汉私印》，《考古》1990 年第 1 期。

[34] 平朔考古队《山西朔县秦汉墓发掘简报》，《文物》1987 年第 6 期。

[35]《河南泌阳发现一座秦墓》，《华夏考古》1990 年第 4 期。

[36]《中国文物报》1988 年 4 月 8 日，第二版图片说明。

[37] 同［29］。

[38] 王人聪编，香港中文大学文物馆藏品专刊之六，1999 年。

[39] 澳门市政厅，1993 年。

[40]《西安秦封泥出土地在秦地望刍议》，《秦陵秦俑研究动态》1998 年第 1 期。

[41]《新见秦官印封泥考略》，香港《大公报》1996 年 7 月 12 日。

[42] 研究会论文刊于《西北大学学报》1997 年第 1 期。

六 两汉和新莽印

（一）西汉印

西汉时期在中国印学发展史上是一个极其重要的时代，印章制度在继承秦制的基础上更臻完善和规范化，无论形制还是篆刻艺术都达到了新的高峰。

西汉时期的官印多出于铸造，不常设的将军印和颁给兄弟民族首领的官印，则以凿款为主。印面一般在 2.2～2.4 厘米见方，相当于汉尺一寸左右，与《汉官仪》所记"通官印方寸大"正相符合。个别印的尺寸较大，如广州象岗出土的南越王"文帝行玺"印为 3.1 厘米见方，陕西咸阳出土的"皇后之玺"印为 2.8 厘米见方，似乎说明帝、后之印与百官印章在印面尺寸大小上存在着一个界限[1]。至于有些石质印的尺寸或大或小，往往制作草率，不合规范，是由于其属于随葬用的明器的缘故。

西汉时期的官印大致可分为三个时期，即西汉早期（高祖至景帝时期）、西汉中期（武帝时期）和西汉晚期（昭帝至孺子婴居摄)[2]。

西汉早期的官印在文字上还具有较浓厚的秦篆风格。仍有"田"字及"日"字界格的存在，这种现象延续至武帝太初元年（公元前 104 年）才废止。但与秦官印相比，还是有一定区别。首先，西汉"田"字界格印比较规范，基本呈正方形，尺寸略大于秦印，界格平直，如"彭城丞印"（图一四，1）。其次，印文笔画整齐饱满，填满字格，不再有交叉读，然新增回读，如"卫园邑印"（图一四，2）。再次，钮式除了汉初偶有个别作坛钮外，常见作瓦钮。印台薄而扁平，有些印坛四侧略呈梯形。也有印台较厚而规整的，这种形式到西汉中期普遍流行。新出现了龟钮、蛇钮及鱼钮等形式。

西汉中期的官印完全脱离了秦印的影响，字形宽博方正，追求印面满白。武帝元狩四年（公元前119年）、太初元年（公元前104年）两次定制，导致了形制及印文方面的变化，形成了汉印自己的风格和特色。在形制上有了比较统一的规范，对钮式与官秩的等级关系作了明确规定。根据《汉旧仪》等书记载，武帝时期的官印大体上分为三个等级。第一级是帝、后之玺，螭虎钮，前者用玉，后者用金；第二级是官秩二千石以上的诸卿及守相官印，龟钮，银质。其中诸侯王、列侯用黄金印；第三级则是官秩千石以下的官吏印，普遍用鼻钮（瓦钮），铜质。这种区别，已由出土的西汉官印所证实。在印文方面，最显著的特点是"章"字的使用及五字印文的出现。据《汉旧仪》、《史记·孝武本纪》等记载，官秩二千石以上称"章"，凡印文不足五字加"之"字补足。这是因为"汉据土德，土数五，故用五为印文"[3]。一些研究者据上述记载认为武帝以后印都用五字，甚至以为这是识别武帝时印的标准。这种看法并不正确，从考古发现及传世的官印和封泥看，此时的五字官印仅限于官秩二千石以上者，如"合浦太守章"（图一四，3）、"御史大夫章"、"中部将军章"等，至于王侯印及品位较低的官印，则都用四字，而且官秩在千石以下者印文称

"印"不称"章"。

西汉晚期的官印，特色相对要少些，基本上是中期形式和风格的延续而已。在印文字体上，中期那种略带弧形的特色逐渐消退，笔道更趋于粗直，结体尤为方正。印文排列上，中期五字印文中"章"字独占一行的格局已被打破，其他字也有独占一行者，如"城父邑左尉"（图一四，4）、"孝昭园令印"、"河西农都尉"等印，均其例[4]。另外，印面尺寸多在 2.3 厘米见方，钮面加宽至 1.4～1.5 厘米，印台增厚至 0.8 厘米以上。

历年来出土的西汉官印不少，尤以 70 年代以来的发现最为重要。而且大都有明确的墓葬年代可考，为汉印的断代研究提供了标准品。

1974 年于湖南长沙马王堆二号汉墓出土了"轪侯之印"（图一四，5）、"长沙丞相"（图一四，6）印，前者为滑石质印，后者为龟钮鎏金铜印。根据同出的"利苍"私印，知道此墓为汉惠帝二年（公元前 193 年）任长沙国丞相的利苍之墓，葬于吕后二年（公元前 186 年）[5]。

1983 年于广州象岗山南越王墓出土印章 23 方，质地有金、鎏金铜、铜、玉、玛瑙、水晶、绿松石、象牙等，其中有印文者 11 方。内有"文帝行玺"（图一四，7），龙钮金印；"帝印"（图一四，8），螭虎钮玉印；"泰子"，坛钮玉印、龟钮金印各一方；"右夫人玺"，龟钮金印；"左夫人印"、"泰夫人印"、"部夫人印"，龟钮鎏金铜印各一方；"景巷令印"（图一四，9），鱼钮铜印。另外墓中还出土了"帝印"、"厨丞之印"、"泰官"、"鄝乡侯印" 4 种官印封泥和"眜"、"结"、"衍" 3 种私印封泥，及"长乐宫器"戳印陶文。从墓主人私印名字作

"赵眜"及帝号分析,确认为汉初第三代南越国王墓[6]。南越国是西汉初年割据岭南的地方政权,第一、二代南越王都曾僭越称帝,共传五世,至公元前111年被汉武帝所灭。据典籍记载,秦始皇始行"六玺"制度,汉遵秦制不变。六玺之一的"皇帝行玺"封泥是目前仅见的实物资料。"文帝行玺"印的出土,对我们了解秦汉的帝玺提供了重要的实物见证。值得指出的是,随葬的官印往往都是临时凿刻的仿制品,而此墓出土的"文帝行玺"印,龙钮捉手处异常光滑,印面还存留朱泥痕迹和划痕,显然是实用印。这是否说明位居帝王之尊者不必用仿制的官印殉葬?这对研究西汉的印绶制度提出了新的问题。此外,墓中还随葬有12方平素无文的印章,反映出在当时人们的思想意识中玺印所具有的重要性。

出土的汉代南越国印,还有1979年在广西贵县罗泊湾二号墓出土的"夫人"鼻钮玉印[7],1980年在广西贺县金钟一号墓出土的"左夫人印"龟钮玉印[8],其身份都应是分封的贵族之妻。1975年在广西合浦堂排一号汉墓出土"劳邑执刲"蛇钮琥珀印[9],1984年又在海南乐东潭培发现"朱庐执刲"(图一四,10)蛇钮银印[10]。"执刲"即"执圭",原是楚国的爵名,秦汉之际仍沿用,所以这两方"执圭"印应是南越国分别赐给劳邑、朱庐地方的官印。也有学者认为不排除是南越国内种姓封君或流徙南越的楚国后人自镌官印的可能性[11]。从上述几处出土的印章钮式及印文、制度等方面分析,南越国的王印及官印均应是南越国自铸的,并非由西汉王朝颁发。至于汉王朝的赐印则另当别论。

1955年于云南晋宁石寨山六号墓中出土"滇王之印"(图一四,11)蛇钮金印。对此印的来源曾有不同看法。出土报道

图一四 西汉官印

1."彭城丞印" 2."卫园邑印" 3."合浦太守章" 4."城父邑左尉" 5. "轪侯之印" 6."长沙丞相" 7."文帝行玺" 8."帝印" 9."景巷令印" 10."朱庐执刲" 11."滇王之印" 12."汉归义羌长"

根据印文、形制及金印成色等认为是滇王自制[12]。西汉时期，归顺汉朝后的少数民族首领印均由朝廷颁赐，从未有本族自制之例。而且据《史记·西南夷列传》记载，"（武帝）元封二年，天子发巴蜀兵击灭劳浸、靡莫，以兵临滇。滇王始首善，以故弗诛。滇王离难西南夷，举国降，诸置吏入朝。于是以为益州郡，赐滇王印，复长其民。"汉赐滇王印明见记载，所以多数学者认为此印颁自汉室，其时代不会早于元封二年（公元前109 年），约在其稍后。此外，1954 年在新疆沙雅县什格提汉代遗址内发现"汉归义羌长"（图一四，12）羊钮铜印[13]，"归义"是汉朝中央政府给予边疆少数民族首领的一种封号，此印应是西汉中央政府颁发给在今新疆地区的羌族某部首领的官印。这枚羌长印在塔里木盆地北部的沙雅县境内出土，说明汉代这一地区也可能有羌族存在，这对《汉书》所记羌人的分布区域有了新的补充。

1994 年 12 月至 1995 年 3 月发掘江苏徐州狮子山楚王陵，墓中出土印章近 200 方，封泥 80 多方，这是迄今为止汉印的最大宗发现。据初步研究，墓主人应是西汉初年第二代楚王刘郢或第三代楚王刘戊，下葬年代为公元前 175 年或前 154 年。狮子山楚王陵出土的印章除 2 方为无字玉印外，余皆为官印。其中 5 方为龟钮银印，其余为瓦钮铜印。通观这批官印和封泥所反映的印文内容，大体上可分三个部分。一是楚国王国政治、宫廷机构印，如"楚太仆印"、"楚太史印"、"内史之印"、"楚太仓印"、"楚御府印"、"楚食官印"、"食官监印"、"楚祠祀印"、"楚太行印"、"楚永巷印"、"楚卫士印"等。二为楚国军事建制印，如"楚都尉印"、"楚骑尉印"、"楚中尉印"、"楚司马印"、"楚营司空"、"楚中司空"、"楚骑千人"、"楚候之印"、"楚中候印"、"楚轻车印"等。三为楚国地方政治机构印，如"昭之右尉"、"兰陵之印"、"兰陵丞印"、"文阳丞印"、"卞之右尉"、"海邑左尉"、"武原之印"、"谷阳丞印"、"谷阳之印"、"相令之印"、"缯之右尉"、"僮令之印"、"北平邑印"、"胸之左尉"、"下邳丞印"、"符离丞印"、"萧邑之印"、"彭城丞印"等。反映了西汉初楚国政治、军事和地方建制的实际情况，充分证实了西汉的王国建制"形同京师"的历史记载[14]。

该墓出土的近 200 方印章，绝大部分在盗洞和扰土中清出，少部分散布于 W4 等室中，显然这些官印原来集中放置在木质或漆质箱内，置于 W4 室中。另外，这批铜印中有两个现象颇值得重视，一是有不少印被砸坏，似有意而为；二是近半数印为"楚候之印"，尚未使用。由此分析，楚国应有专事管理印信的机构，统一保管并负责发放和回收。然而将其集中殉葬，则很可能是出于某种特殊原因。我们知道，"候"是军中职位，官职并不高，楚国一下子铸造近百方候印，显然是出于军事之需。公元前 154 年，以吴王刘濞为首发动的吴楚"七国之乱"，吴国曾出动兵力二十余万，楚国的军队人数也不会少，这批印章的铸造，很可能和这次军事行动有关。这次兵变很快被周亚夫率军镇压，吴王逃走，楚王刘戊被逼自杀。这批印章集中殉葬，很可能与这段史实有关。有学者以为这批印章中占半数的"楚候之印"是集中制作的明器，恐未妥。

1986 年发掘的徐州北洞山汉墓，也是西汉前期的楚王墓，出土铜质官印 12 方，计有"山桑丞印"、"虹之右尉"、"凌之右尉"、"襄贲丞印"、"萧之右尉"、"楚宫司丞"、"楚御府印"、"楚邸"、"楚武库印"等[15]。据分析，墓主应是公元前 175～前 128 年间的某代楚王。这座墓与狮子山楚王陵的年代十分接近。

1968 年于陕西咸阳渭河北原上韩家湾狼家沟发现一方"皇后之玺"玉印[16]，螭虎钮，印面边长 2.8 厘米，高 2 厘米。此印通体晶莹，刻工极精，由于出土地点距史书记载的刘邦、吕后所葬的长陵仅 1 公里多，所以一时传为吕后之印。但从西汉玺印印文风格的演变过程，结合这方"皇后之玺"的印文特点来考察，玉玺的年代，其上限不会早于西汉文景时期，下限当在武帝前后[17]。汉代皇后玺印的质地和钮式，两《汉书》未载，卫宏《汉旧仪》说："皇后玉玺，文与帝同。皇后之玺，金螭虎钮。"对玺印质地的说法前后不一致。由此玺的发现，可知汉代的皇后玺应是玉质螭虎钮。

在湖南长沙地区也出土了不少西汉时期的官印，如属于西汉早期的有"陆粮尉印"、"舆里乡印"、"泠道尉印"、"洮阳长印"、"逃阳令印"、"舂陵之印"、"酉阳长印"等，属于西汉中期的有"长沙仆"、"长沙顷庙"、"靖园长印"、"武冈长印"、"镡成令印"、"故陆令印"、"家丞"、"宫丞之印"、"攸臣"、"广信令印"、"临湘令印"、"临湘丞印"、"临沅令印"、"罗长之印"、"茶陵"、"长沙司马"、"长沙祝长"、"上沅渔监"印等，属于西汉晚期的有"宫司空丞之印"等[18]。需要指出的是，上述长沙地区出土的西汉官印，除"长沙仆"为玛瑙质、"上沅渔监"为铜质外，其余全部为滑石质。此外，湖南其他地方也有滑石质官印的发现，如 1986 年于大庸东汉墓出土的"索左尉印"、"沅南左尉"印[19]，1985 年于常德灌溪樟树山汉墓出土的"长沙郢丞"印[20]等。这些滑石质官印大都印文草率，显然是临时刻制专门作为殉葬之用的。这是因为汉代虽然殉葬玺印之风很盛，但汉官制度，世袭者官印需世世传授，普通官吏迁、死必归印绶，而官印随葬除皇帝特赐之外，有官职者只能殉以仿制的非实用印[21]。出土的印章为我们研究和鉴定传世的官印，并从中区别非实用印提供了一批实物资料。

各地零星出土并见于报道的西汉官印尚不少。较重要的有1977年于山东即墨王村小桥出土的"诸国侯印"龟钮金印，边长2.3厘米，通高2.1厘米，重97克[22]。与之形制、风格十分接近的是1984年于河南西华前石羊村汉墓出土的"富寿侯印"龟钮金印，边长2.4厘米，通高2.1厘米，重100克[23]。根据与后者同出的文物如四神规矩纹铜镜、"大泉五十"铜钱分析，墓葬的年代约在新莽初期，参照新莽印的特点，金印的年代要早于墓葬，可定为西汉末期。1989年于江苏徐州下淀陶楼汉墓出土的"君侯之印"龟钮银印[24]，1987年于河南方城出土的"裨将军印"龟钮银印[25]，亦不多见。再如1973年于内蒙古伊克昭盟杭锦旗霍洛柴登出土的"西河农令"、"中营司马"铜印[26]，1991年于河南永城芒砀山西汉梁国王陵陪葬坑出土的"梁后园"铜印[27]，1980年于江苏丹徒金家山西汉墓出土的"丹徒右尉"铜印[28]，1980年于新疆哈密天山农场发现的"居延丞印"铜印[29]，1987年于贵州兴江红交乐汉墓出土的"巴郡守丞"鎏金铜印[30]，1985年于江苏邗江宝女墩汉墓出土的"寻阳令印"铜印[31]，1982年于甘肃泾川阳坡出土的"广武令印"铜印[32]，1975年于湖北阳新富水河边发现的"赣右尉印"铜印[33]，1979年于山东枣庄涧头出土的"武原令印"石印[34]，以及汉长安城出土、现为西北大学考古文物陈列室收藏的"广明左尉"、"略畔之丞"铜印[35]，等等。

此外，1981 年于山东莱州西由出土一方大型铜质官印，印文为"右主盐官"，并有双兽图案，印面为薄板状，长 25.5 厘米，宽 23.7 厘米，厚 1.5 厘米，重约 6.5 公斤，钮作曲尺形空心把柄。此印形体特大，有别于一般官印，应是用来封盐的专用印章，从印文看其时代约在西汉晚期[36]。古代封盐的专用印尚属首次发现。

西汉私印以铜、玉为主。铜印早期多为鼻钮，后期变为瓦钮，也有少量作龟钮。玉印多为覆斗钮。除了铜、玉外，也有其他质地，如金、银、玛瑙、琥珀、水晶、木等。

见于报道的出土金质私印较少，有 1966 年于陕西西安南郊沙坡墓葬出土的"王精"龟钮金印[37]，80 年代于广西贺县高寨西汉墓出土的"如心"兽钮金印[38]，1994 年于江苏徐州北郊簸箕山汉墓出土的"宛朐侯埶"（图一五，1）龟钮金印[39]。刘埶系西汉楚元王刘交之子，被封为宛朐侯，景帝前元三年（公元前 154 年）因参与吴楚"七国之乱"被诛杀。《史记》、《汉书》的表传对其均有记载。此印是目前所知时代最早的龟钮金印，具有重要的断代价值。此外，1976 年于湖南长沙市区复兴路出土的"闵都君印"鼻钮金印，圆形，现藏长沙市博物馆[40]，从印文看当属西汉早期。

银质私印的发现也不多，有 50 年代长沙发掘的汉墓出土"刘骄"龟钮银印[41]，1973 年于江苏连云港海州西汉墓出土"待其繇"龟钮银印[42]，1977 年于江苏邗江甘泉汉墓出土"妾莫书"（图一五，2）龟钮银印[43]，1985 年于江苏徐州龟山二号汉墓出土"刘注"龟钮银印[44]。刘注为西汉第六代楚王，死于武帝元鼎二年（公元前 115 年），此印也可作断代标准印。

从考古发现可知西汉时期已出现木印。在朝鲜平壤汉墓中曾出土"乐浪太守掾王光之印"、"臣光"两面印及"王光私印",均为木质[45]。1973年于湖南长沙马王堆一号汉墓出土"妾辛追"木印[46],1973年于湖北江陵凤凰山十号汉墓出土"张偃"、"张伯"木质两面印[47],1993年于安徽天长三角圩一号西汉墓出土"广陵宦谒"(图一五,3)木印[48]。1991年于江苏江宁湖熟三号汉墓出土的一方"臣柱"(图一五,4)木印,表面薄刷一层金粉,璀璨耀眼,实属罕见[49]。

其他质地的西汉私印甚少见,仅见1993年于安徽天长三角圩十九号西汉墓出土的"恒盖之"(图一五,5)漆印[50],1989年于浙江安吉上马山十号汉墓出土的"司马息"、"司马中孺"泥质两面印[51]。

西汉私印文字,以规范的篆书为主,也有装饰性较强的鸟虫篆。后者实际上是当时流行的一种美术字体,由春秋战国时期的鸟虫书演变而来。例如1977年于湖南长沙杨家山西汉墓出土的"刘说"玉印[52],文字以小篆为基本框架,笔画之中随势装饰鸟虫形体,动感甚强。再如1974年于湖南长沙咸家湖陡壁山汉墓出土的"曹嬛"(图一五,6)玉印[53],字体屈曲盘绕,极尽华丽之态。至于东汉许慎在其《说文解字》的《叙》中所说当时摹印用的专用字体"缪篆",究竟是指常见的形体屈曲填满、而线条以平直为主的那种字体,抑或是指整个字的笔道都以曲折回绕为特色的那种字体(即鸟虫篆),学术界至今尚未有统一的看法[54]。

西汉私印在印面文字的章法布局上一般以白文为主,如广州南越王墓出土的"赵眜"(图一五,7)玉印。另外还出现一种将白文、朱文同铸于一方印面上的手法,常作半朱半白或一朱三白。汉初已经出现这种形式,中期以后开始流行。如1970年于

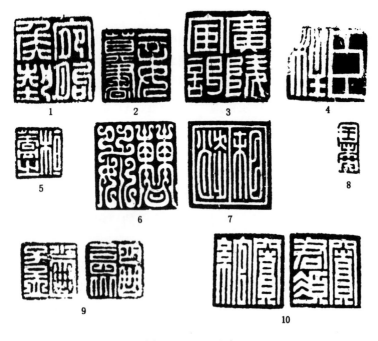

图一五　西汉私印

1."宛朐侯埶"　2."妾莫书"　3."广陵宦谒"　4."臣柱"　5."桓盖之"
6."曹媺"　7."赵眛"　8."王未央"　9."少曲子孟"、"少曲合众"　10.
"窦绾"、"窦君须"

山东曲阜九龙山汉代崖墓出土的"王未央"(图一五,8)铜印[55],
从形制字体看其时代可早到汉初,比所出墓葬的年代为早。
1974 年于陕西扶风召公出土的"少曲子孟"、"少曲合众"(图一
五,9)两面铜印[56],或以"少"字作朱文,或以"曲"字作朱文,可
视作西汉中晚期"一朱三白"的典型例子。

西汉时期的私印还出现一种印体穿孔的两面印,因其无
钮,用中孔系带,或称穿带印。这种两面印的印文多为白文,

一面为名，一面为字，如 1952 年于湖南长沙杜家坡汉墓出土的"刘当居印"、"刘长孙"两面铜印[57]，1968 年于河北满城二号汉墓出土的"窦绾"、"窦君须"（图一五，10）两面铜印。窦绾是汉武帝刘彻之弟中山靖王刘胜的妻子，其墓葬年代约在太初元年（公元前 104 年）之前、元狩五年（公元前 118 年）以后[58]。有的两面印的印文在一面名前加"臣"字或"妾"字谦称，"臣"是男子的谦称，"妾"是女子的谦称。例如 1973 年于广州淘金坑七号西汉墓出土的"赵望之"、"臣望之"两面铜印，据该墓随葬陶器组合的特点，其年代约在文帝时期[59]。1989 年于江苏徐州下淀陶楼村汉墓出土的"刘顾"、"臣顾"两面铜印，根据墓内出土器物分析，其时代应在武帝以前[60]。此种印文形式的两面印在东汉时期较为流行。

各地考古发掘出土的西汉私印见于报道者不少。有些墓葬有明确的年代可考，也有的墓葬可根据同出器物推定其时代，据此可以列出各期私印的标准品，供进一步作断代研究。但将西汉私印作为专题来研究，目前还是属于空白点。

（二）新莽官印

王莽篡汉，改国号为"新"。尽管新莽政权建立后的年数相当短暂，前后只有 15 年，但由于王莽托古改制，依《周官》、《王制》之文，更改了许多西汉的官名和地名，并制订了五等爵制和四等封地制，所以在官印方面反而留下了鲜明的特点，比较容易鉴别。

新莽的官印都是正方形，其边长在 2.2～2.4 厘米之间，印台厚度一般约 0.8 厘米。钮式有龟钮、鼻钮和瓦钮，龟钮的铸工极精，但印钮制度却比较混乱。质地以铜为主，也偶有银质或金质的。金质官印目前仅见一例。

新莽官印的印文字形偏长，笔画均匀，结体严谨工整，端庄秀丽。字数多为五字或六字，排列上五字印分三行排列，末字占一行；六字印亦分三行，行各二字。

传世及出土的新莽官印据统计约 170 余方，大部分著录于罗福颐主编的《秦汉南北朝官印征存》[61]（以下引用简称《征》）一书中。根据这些官印的印文，可以总结出新莽印的特点[62]。

1983 年陕西柳林屯头出土一方"五威司命领军"（图一六，1）龟钮银印[63]，"五威司命"为王莽所置检察弹劾犯法大臣之官，见《汉书·王莽传》。又如"尚书大夫章"（《征》545），"尚书"是王莽所置官名，见《王莽传》，印文称"章"，知其官秩应在比二千石。再如"执奸"、"捕奸"亦是王莽所置官名，当与《王莽传》之"执法左右刺奸"为同一性质之监察官吏[64]，例如"录聚采执奸"（《征》650）、"中垒左执奸"（《征》540）、"上林弘南捕奸"（图一六，2，《征》539）。1986 年于陕西旬阳平安出土的"章威猥千人"铜印[65] 以及传世的"建威猥千人"（《征》508）、"折冲猥千人"（《征》505）印等，文中的"猥千人"也是王莽所置的官名。

印文中常见王莽时所改西汉官名，例如："执法直二十二"（图一六，3，《征》545），"执法"即西汉"御史"之职，见《后汉书·伏湛传》及李贤注。"纳言右命士中"（图一六，4，《征》543），"纳言"即西汉"大司农"一职，见《王莽传》。"奋武中士印"（《征》541），"奋武"即西汉"执金吾"一职，"中士"为其属官，见《王莽传》。有些官名是王莽托古改制所为，如"大师军垒壁前和门丞"（图一六，5，《征》497），"和门"正用古称。王莽将郡守一级长官改称"大尹"，县一级令长改称"宰"，见《王莽传》。印文如"灵武尹丞印"（图一六，6，《征》597）、"敦德尹曲后候"（《征》595），"尹"即"大尹"之省；"棘阳县宰印"（图一六，7，《征》608）、"含洭宰之印"（《征》610）。有些官署的长官也改称"宰"，如"属国仓宰印"（《征》605）、"成纪间田宰"（《征》619）。"仓宰"即西汉之"仓长"，为仓官名。"间田"，见《王莽传》，王莽依《王制》文，将郡县未封之地称为"间田"，用来"以拟有功封赐，有罪黜陟也"[66]。印文"宰"为管理间田之长吏。

不少地名也是王莽时所改。例如"设屏农尉章"（《征》593），"设屏"，即西汉"张掖"，郡名。"水顺副贰印"（《征》601），"水顺"，即西汉"东海"，郡名。"敦德步广曲候"（图一六，8，《征》596），"敦德"，即西汉"敦煌"，郡名。"庐江亭间田宰"（《征》617），"庐江亭"，即西汉"襄安"，县名，属庐江郡。"夙夜间田宰"（《征》618），"夙夜"，即西汉"不夜"，县名，属东莱郡。"义沟道宰印"（《征》612），"义沟"，即西汉"义渠"，道名（汉代县一级行政区划中有少数民族居住的称"道"），属北地郡。均见《汉书·地理志》。

据《汉书·王莽传》，王莽执政后，于居摄三年（公元8年）制定"公、侯、伯、子、男"五等爵制和四等封地制，始建国元年（公元9年）又根据亲疏和功劳大小，将王莽家族男子封为"侯、伯、子、男"，女子皆封为"任"，并且男以"睦"、女以"隆"为封号。这在印文中有不少反映。例如"张乡侯家丞"（《征》549）、"安昌侯家丞"（《征》550）、"审睦子家丞"（图一六，9，《征》562）、"广睦男家丞"（图一六，

10，《征》576）、"绥威德男家丞"（《征》569）等。此外，其四等封地中，侯伯一等称"国"，子男一等称"则"，在印文中也有反映，如"红阳侯国徒丞"印（图一六，11），1980 年于河南长葛石固新莽时期墓葬出土[67]，红阳侯见《汉书·元后传》及《外戚恩泽侯表》。"宜春侯国徒丞"（《征》552），宜春侯见《汉书·王诉传》及《王莽传》。"广垣则执奸"（《平盦考藏古玺印选》）、"庶乐则宰印"（《征》581），均其例。另据《王莽传》："令诸侯立太夫人、夫人、世子，亦受印韨"。印文中也有"世子"名，如"展武世子印"（《征》585）、"助威世子印"（《征》584）。

因王莽改国号为"新"，所以其向各少数民族首领所授之印前均冠"新"字，如"新五属左佰长"（《征》658）、"新西河左佰长"（图一六，12，《征》659）、"新越余坛君"（《征》654）、"新西国安千制外羌佰右小长"（图一六，13，《征》657）等印。对原汉朝则贬称"汉氏"，如"汉氏文园宰"（图一六，14，《征》547）、"汉氏成园丞印"（《征》548）印，文园、成园分别指汉高祖、汉成帝之园寝。

此外，新莽官印中屡见"徒丞"、"马丞"、"空丞"官名，如"封丘徒丞印"（《征》637）、"故且兰徒丞"（图一六，15，《征》640）、"上虞马丞印"（图一六，16，《征》629）、"东平陆马丞"（《征》633）、"东光采空丞"（《征》645）、"乌伤空丞印"（《征》646）等印，其名《汉书》未载。王献唐认为，徒丞即汉制县丞，马丞即汉制县尉，空丞为汉制司空，均为王莽所改[68]。所论甚是。

上述种种，正是我们研究、鉴别新莽官印的有利条件，也是最令人信服的断代依据。

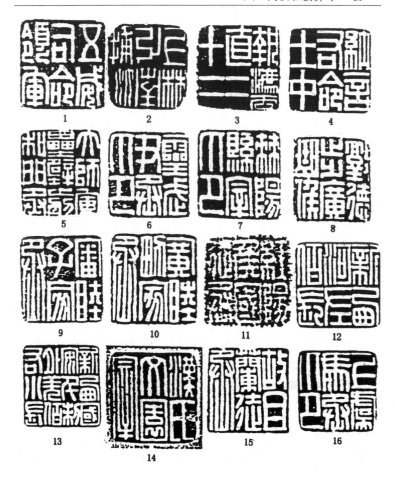

图一六 新莽官印

1."五威司命领军" 2."上林弘南捕奸" 3."执法直二十二" 4."纳言右命士中" 5."大师军垒壁前和门丞" 6."灵武尹丞印" 7."棘阳县宰印" 8."敦德步广曲候" 9."审睦子家丞" 10."广睦男家丞" 11."红阳侯国徒丞" 12."新西河左佰长" 13."新西国安千制外羌佰右小长" 14."汉氏文园宰" 15."故且兰徒丞" 16."上虞马丞印"

（三）东汉印

东汉的官制沿袭西汉，所以在印绶制度上与西汉区别不大。东汉官印，初期基本上是沿用西汉官印的形制，在风格上与西汉晚期、新莽时期一脉相承，直到中晚期才逐渐形成自己的一些特点。例如，在钮制方面，瓦钮逐渐被淘汰，鼻钮的钮边加厚，有些钮面亦加宽，钮孔相对变小。除了龟钮外，还出现了驼钮，专门用于颁赐给少数民族首领之印。印台也明显变厚。印文以凿刻为主，文字构形采用方折的笔画，以直势为主，一改过去的圆转形态，但书法上显得有点草率。而且在用字上谨严渐逊于前，通假字、错别字的现象在印文中也有所出现。

东汉时期的官印因无特殊标识，与西汉官印的区分增加了难度，除了依据同出墓葬器物作考古学分析外，研究者主要从印文官职证以文献或地名沿革来加以认定。

1954 年于陕西宁强阳平关发现"朔宁王大（太）后玺"（图一七，1）龟钮金印[69]，"朔宁王"是东汉地方割据政权公孙述于建武七年（公元 31 年）给隗嚣的封号，见《后汉书·隗嚣传》，可知此印是隗嚣母亲之印。1981 年于江苏邗江甘泉二号汉墓附近出土"广陵王玺"（图一七，2）龟钮金印[70]，据《后汉书·光武十王列传》，光武帝第九子刘荆于永平元年（公元 58 年）被徙封为"广陵王"，十年因谋反事败被逼自杀。此印出于刘荆墓附近，可见即其印。这两方印均铸于光武帝在位期间，是有准确年代可考的东汉早期官印标准品。附带提及的是，1784 年于日本九州糟屋郡志贺町出土"汉委奴国王"

（图一七，3）蛇钮金印。此印出土后曾在日本学术界引起争论，甚至有人疑其伪。据《后汉书·东夷传》记载，光武帝再建汉室后，在建武中元二年（公元 57 年）倭奴国王曾派使者到汉廷奉贡朝贺，并自称大夫，汉帝赐予印绶。广陵王玺的制作年代比倭奴遣使来汉仅晚一年，而且两印的印文风格十分相似，再加上 50 年代云南出土的滇王金印作旁证，得以证实"汉委奴国王"金印确系王朝所颁。

1982 年于陕西华阴发掘一处东汉家族墓地，在一号墓中出土"司徒之印章"龟钮鎏金铜印。据同墓所出的"刘崎之印"私印，参以文献，可以确定墓主就是东汉顺帝时期曾官居司徒之位的刘崎，卒于阳嘉三年（公元 135 年）稍后[71]。这方司徒印也可以作为东汉晚期的标准官印。

传世东汉官印中也有这样的例子。如"征羌国丞"（图一七，4，《征》864）印，据《后汉书·来歙传》，建武十一年（公元 35 年）以歙有平羌、陇之功，改汝南郡之当阳县为征羌国封来氏，传六世。"隃麋侯相"（《征》861）印，据《后汉书·耿弇传》，建武四年（公元 28 年）进封耿况为隃麋侯，传六世，其地即西汉之隃麋县。"下邳中尉司马"印（《征》846），据《后汉书·孝明八王传》，永平十五年（公元 72 年）封刘衍为下邳王，传四世。"安平侯印章"（《征》850）印，据《后汉书·盖延传》，光武帝即位后以盖延为虎牙将军，建武二年（公元 26 年）更封为安平侯。再如"顺陵园丞"（《征》821）印、"芈闺苑监"（图一七，5，《征》820）印，分别是管理和帝之陵园和灵帝所造之苑官印，其名均见《后汉书》。

此外，1959 年在新疆民丰收集到一方从尼雅遗址出土的"司禾府印"（图一七，6），鼻钮，煤精印。"司禾府"官署名未见于史书。但据《后汉书·西域传》，东汉明帝永平十六年（公元 73 年）曾在伊吾庐（今新疆哈密境内）设置"宜禾都尉"以屯田，从出土地点结合文献记载来看，这是一方东汉时代管理屯田机构的印章[72]。其质地为煤精，亦甚少见。

从地名沿革上，也可以确认一批传世官印属东汉时代。例如"林虑左尉"（《征》959）印，林虑，县名，属河内郡，西汉时称"隆虑"，东汉殇帝时改名"林虑"，见《续汉书·郡国志》。"安憙长印"（《征》930）印，安憙，县名，属中山国，西汉时称"安险"，王莽时改称"宁险"，东汉章帝时更名"安憙"，见《汉书·地理志》及《续汉书·郡国志》。再如"胶东令印"（《征》914）、"南乡左尉"印（《征》966），据《续汉书·郡国志》，"胶东"、"南乡"均是东汉所置县名，西汉无，可证其为东汉官印。

汉代赐给北方少数民族匈奴族的印章，主要是给匈奴割据政权的官吏及上层贵族的。此类赐印始自西汉宣帝甘露三年（公元前 51 年）赐呼韩邪单于印（见《后汉书·食货志》）。在此以前，汉也赐给其他少数民族首领玺印，但这些印文首均无"汉"字。汉赐少数民族印中首冠"汉"字，是从汉宣帝时开始的[73]，但是迄今所见西汉官印中尚未见到实例。所以，研究者将印文首冠有"汉"字的少数民族官印均定为东汉时期。

1937 年于陕西榆林出土"汉匈奴呼卢訾尸逐"（图一七，7）铜印，现藏上海博物馆[74]。"尸逐"为汉音译匈奴语，本为匈奴语美称，后用为官号，为匈奴二十四长之一[75]，"呼卢訾"亦为汉音译，为匈奴部落种姓名。1977 年在陕西西安一处窖藏发现一批古代印章，其中也有一方匈奴尸逐印[76]，石质，长方形，尺寸较大，刻文"汉匈奴恶适尸逐王"，印文

"恶适"也是匈奴部落种姓名[77]。有相同印文的铜印传世有二方，一为周叔弢旧藏，现归天津艺术博物馆[78]；一藏日本有邻馆，为藤井氏旧藏[79]。西安出土的这方石印尺寸偏大，有可能是后世仿刻。

出土的东汉匈奴官印，还有 1977 年于内蒙古伊盟东胜收购站征集的"汉匈奴栗借温禺鞮"（图一七，8）铜印[80]，以及 1949 年以前出土于陕西榆林的"汉匈奴为鞮台耆且渠"铜印[81]等，"温禺鞮"、"且渠"皆为汉音译匈奴语官名，匈奴二十四长之一[82]。

1977 年于青海大通上孙家寨匈奴墓出土一方"汉匈奴归义亲汉长"（图一七，9）铜印[83]。这类印文用汉语官号的铜印，传世品亦有之，如"汉匈奴归义亲汉君"（《征》1206）、"汉匈奴守善长"（《征》1218）、"汉匈奴破虏长"（《征》1216）印等。这些官印，或赐给匈奴中与汉有特殊关系的部落首领，或赐给降附汉廷以及助汉征伐有功的匈奴头人。在用途和性质上，与前述赐给匈奴的官印不完全相同[84]。

除了赐给匈奴官印外，传世或出土东汉官印中还有不少是汉廷赐给其他少数民族首领的。例如"汉归义胡长"（《征》1231）、"汉破虏胡长"（《征》1230）、"汉休著胡佰长"（《征》1237》)，"汉归义羌长"（《征》1225）、"汉率善羌长"（图一七，10，《考古与文物》1988 年第 1 期）、"汉破虏羌长"（《征》1223），"汉归义鲜卑王"（《征》1219）、"汉鲜卑率众长"（《征》1220），"汉归义氐佰长"（《征》1242）、"汉率善氐佰长"（《征》1241），"汉归义蛮邑长"（《征》1245），"汉归义賨邑侯"（《征》1221），"汉青羌邑长"（《征》1222），"汉丁零仟长"（《征》1246），"汉卢水仟长"（图一七，11，《征》

图一七 东汉官印

1．"朔宁王大（太）后玺" 2．"广陵王玺" 3．"汉
委奴国王" 4．"征羌国丞" 5．"莘闱苑监" 6．
"司禾府印" 7．"汉匈奴呼卢訾尸逐" 8．"汉匈奴栗
借温禺鞮" 9．"汉匈奴归义亲汉长" 10．"汉率善羌
长" 11．"汉卢水仟长" 12．"汉保塞乌桓率众长"

1247)、"汉保塞乌桓率众长"(图一七，12，《征》1251)、"汉
叟邑长"(《征》1256)、"汉叟仟长"(《四川文物》1984 年第
4 期)、"汉夷土部之章"(同上)、"汉夷邑君"(《江汉考古》
1990 年第 1 期)等等。印文中有不少含有褒扬意义的称号，
是当时汉和各兄弟民族亲善团结关系的重要见证。

传世的两汉官印中，有不少的"单"印，绝大多数属于东
汉时期。印文"单"字偶有作"弹"或"僤"的，例如"亭
南单印"(《征》1060)、"长寿单印"(《征》1061)、"薪中治
单"(《征》1062)、"同志弹印"(《征》1059)、"成僤印信"[85]
等等。综观其印文内容，与两汉的"里印"相当接近。俞伟超
认为，"单"在汉代是和"里"并存的，一种数量相当多的农
村基层居民单位，按照《周礼·地官·里宰》及《大聚》的全部
内容看，它无疑是一种公社组织。此外，"单"印还有："宗单
祭尊"(《征》1011)、"长生单祭尊"(《征》1017)、"千秋乐
平单祭尊印"(《征》1014)、"益寿单祭酒"[86]等，"祭尊"和
"祭酒"是"单"内的长老；"万岁单三老"(《征》402)、"安
久单敬老"(《征》1056)、"城北单父老印"(《征》1053)等，
"三老"、"敬老"、"父老"是掌"单"内的教化；"万岁单尉"
(《征》410)、"反督单尉"(《征》1064)、"都集单右尉印"
(《征》1066)等，"尉"是"单"内的武职；"新安平政单印"
(《征》1067)、"长寿万年单左平政"(《征》1068)、"奉亲无
极单右平政"(《征》1069)等，"平政"是掌"单"内的税、
役；"单长史印"[87]、"孝子新德单榖左史印"(《征》1070)、
"曾寿单卿"[88]、"长寿单卿"[89]等，"长史"、"史"、"卿"均
为"单"内之副职。尚有其他名称的"单"印，如"长寿单右
厨护"[90]、"孝仁单左平印"[91]、"新成顺德单右集之印"[92]等

等，均有不同执掌。俞伟超指出，从这些印文可知两汉时期"单"的内部具有相当细密的分工[93]。俞氏的看法大概是正确的。

传世的东汉印章中，还有一定数量的"唯"印。这类印的印文中均有"唯"字，如"木里唯印"（《征》1088）、"滇里唯印"（《征》1089）、"中里唯印"（《征》1090）、"筐里唯印"（《征》1095）。罗福颐认为，"传世有里唯印，不见有里魁印，疑里唯即里魁印"[94]。将"唯"看成是"魁"的借字，指汉代乡级官员下设的无级别小吏，里唯印即里官印。王献唐曾引孙氏《稽庵古印笺》说，"唯犹诺也"，认为唯印如同画诺，谓某事可行，即钤"唯"印[95]。如此，里唯印应为乡里机构处理事务用印。应该说，将有里名的"唯"印视作乡里官印是没有多大问题的。但是，"唯"印除了有里名外，还有在"唯"字前加其他字的，如"长久力唯"（《征》1124）、"涂唯印"（《征》1125）、"桃虚唯印"（《征》1126）、"长幸唯印"（《征》1125）、"延年唯印"（《征》1138）、"丁氏长幸唯印"（《征》1151）、"燔氏唯印"（《征》1153）、"杨巨孺唯"（《征》1142）、"诸长卿唯"（《征》1143）、"少年唯印大幸"（《征》1152）。除了一部分可以看成地名外，有些是成语（吉语），有些很明显是姓氏，其与乡里印无关是显而易见的。因此，只有对"唯"字加以正确释读和理解，才能彻底解决"唯"印问题。

东汉时期的私印形制风格多样，富有变化，两面印、子母印极为盛行。子母印始于西汉中期以后，母印中空，子印套于母印中空处，多两印一套，东汉时有三印一套者，层层套合，构思巧妙。例如1972年于云南昭通二平寨东汉墓出土的"孟凳"铜子母印，为三套合，大印为辟邪钮，印面2厘米见方，白文"孟凳之印";中印为辟邪钮,印面1厘米见方,白文"孟凳";小印为龟钮,印面0.8厘米见方,白文"伯称"(图一八,1)。1954年曾在距此墓100米的一座东汉墓中出土一方子母铜印,母印为辟邪钮,白文"孟脛之印";子印为龟钮,白文"孟脛"(图一八,2)。两印大小相等,钮的制作风格一致。据调查,这是一处南中朱提八大姓之一的孟氏家族墓地。据随出器物判断,墓葬的年代约在东汉早期[96]。

东汉的私印中还出现多字印,或在姓名下加成语(吉语),如天津艺术博物馆收藏的赵诩铜印印文:"赵诩子产印信。福禄进,日以前,乘浮云,上华山,飮玉英,饮礼泉,服名药,就神仙。"[97](图一八,3)印文长达30字,甚为罕见。或在姓名印中加籍贯、表字的,如传世的"河间武恒刘芝字伯行"铜印[98]。80年代于陕西勉县,曾从废品中拣选出一方瓦钮铜

图一八 东汉私印

1."孟凳之印"、"孟凳"、"伯称" 2."孟脛之印"、"孟脛" 3.赵诩铜印印文 4."汝南女阴公孙安汉印" 5."使掌果池水中黄门赵许私印"

印，印文"汝南女阴公孙安汉印"（图一八，4），也是在姓名前署郡县籍贯[99]。1980 年于陕西旬阳小河北砖厂，工人在取土中发现一方龟钮银印[100]，印文"使掌果池水中黄门赵许私印"（图一八，5）。据《后汉书·百官志》："中黄门比百石"，本注："宦者，无员，后增比三百石。"按规定，中黄门只能佩铜印，此印用银，或许是宦官私印之故。私印中具职司及官衔，也是很少见的，很可能是专门用于殉葬的。

历年来各地出土的东汉私印不少，大都制作精良，印文排列不拘一格，章法布局巧妙，其艺术性远远高于同时期官印，不失为后世治印之典范。

注　释

[1] 孙慰祖《西汉官印、封泥分期考述》，《上海博物馆集刊》第 6 辑，上海古籍出版社 1992 年版。

[2] 本章分期从孙慰祖说，见 [1]。

[3]《史记·孝武本纪·集解》引张晏说。

[4] 同 [1]。

[5] 湖南省博物馆、中国科学院考古研究所《长沙马王堆二、三号汉墓发掘简报》，《文物》1974 年第 7 期。

[6] 广州市文物管理委员会等《西汉南越王墓》，文物出版社 1991 年版。

[7] 广西壮族自治区博物馆《广西贵县罗泊湾汉墓》，文物出版社 1988 年版。

[8] 广西壮族自治区文物工作队等《广西贺县金钟一号汉墓》，《考古》1986 年第 3 期。

[9]《广西合浦堂排汉墓发掘简报》，《文物资料丛刊》第 4 辑。

[10] 陈高卫《西汉"朱庐执刲"银印小考》，《人民日报》1985 年 6 月 10 日。

[11] 黄展岳《"朱庐执刲"印和"劳邑执刲"印》，《考古》1993 年第 11 期。

[12] 云南省博物馆《云南晋宁石寨山古墓群发掘报告》，文物出版社 1959 年版。

[13] 孟池《从新疆历史文物看汉代在西域的政治措施和经济建设》，《文物》1975

年第 7 期。

[14] 王恺《狮子山楚王陵出土印章和封泥对研究西汉楚国建制及封域的意义》，《文物》1998 年第 8 期。发掘简报见同期《文物》所刊《徐州狮子山西汉楚王陵发掘简报》。

[15] 徐州博物馆等《徐州北洞山西汉墓发掘简报》，《文物》1988 年第 2 期，参见注［14］王恺文。

[16] 秦波《西汉皇后玉玺和甘露二年铜方炉的发现》，《文物》1973 年第 5 期。

[17] 王人聪《新出历代玺印集释》，香港中文大学文物馆专刊之三，1987 年。

[18] 湖南省博物馆《湖南省博物馆藏古玺印集》，上海书店 1991 年版。

[19] 湖南省文物考古研究所等《湖南大庸东汉砖室墓》，《考古》1994 年第 12 期。

[20] 常德地区文物工作队等《湖南常德县清理西汉墓葬》，《考古》1987 年第 5 期。

[21] 周世荣《长沙出土西汉印章及其有关问题研究》，《考古》1978 年第 4 期。

[22] 姜惠居《山东即墨发现汉代金印一方》，《考古与文物》1983 年第 5 期。

[23] 张志华等《河南西华发现一枚汉代金印》，《文物》1987 年第 4 期。

[24] 徐州博物馆《徐州市东郊陶楼汉墓清理简报》，《考古》1993 年第 1 期。

[25] 李迎年《河南方城县出土汉代银印》，《考古》1993 年第 4 期。

[26] 陆思贤《内蒙古伊盟出土的三方汉代官印》，《文物》1977 年第 5 期。

[27] 安金槐《芒砀山西汉时期梁国王陵墓群考察记》，《文物天地》1991 年第 5 期。

[28] 萧梦龙等《镇江博物馆藏古代铜印》，《文物》1983 年第 8 期。

[29] 李遇春《新疆各地发现的一部分历代印章》，《文博》1984 年第 2 期。

[30] 宋先世《贵州兴仁汉墓出土"巨王千万"与"巴郡守丞"印》，《四川文物》1991 年第 6 期。

[31] 扬州博物馆等《江苏邗江县杨寿乡宝女墩新莽墓》，《文物》1991 年第 10 期。

[32] 刘玉林《甘肃泾川出土的古代官印》，《考古与文物》1988 年第 1 期。

[33] 李儒俦等《赣右尉印考》，《江汉考古》1992 年第 3 期。

[34] 李锦山《山东枣庄市出土印母及铜官印》，《文物》1985 年第 5 期。

[35] 贾麦明《介绍三方汉印》，《江汉考古》1986 年第 2 期。

[36] 崔大勇《大型铜质盐官印》，《中国文物报》1989 年 5 月 5 日。

[37] 王长启等《介绍西安市藏珍贵文物》，《考古与文物》1989 年第 5 期。

［38］《广西贺县河东高寨西汉墓》,《文物资料丛刊》第 4 辑。

［39］耿建军《徐州发现西汉宛朐侯刘埶墓葬》,《中国文物报》1994 年 10 月 16 日。

［40］长沙市博物馆陈列品。

［41］中国科学院考古研究所《长沙发掘报告》,科学出版社 1957 年版。

［42］南波《江苏连云港市海州西汉侍其繇墓》,《考古》1975 年第 3 期。

［43］扬州市博物馆《扬州西汉"妾莫书"木椁墓》,《文物》1980 年第 12 期。

［44］金澄等《西汉楚王刘注银印》,《文物天地》1985 年第 4 期。

［45］罗福颐《古玺印概论》第 27 页,文物出版社 1981 年版。

［46］湖南省博物馆《长沙马王堆一号汉墓》,文物出版社 1973 年版。

［47］长江流域第二期文物考古工作人员训练班《湖北江陵凤凰山西汉墓发掘简报》,《文物》1974 年第 6 期。

［48］安徽省文物考古研究所等《安徽天长县三角圩战国西汉墓出土文物》,《文物》1993 年第 9 期。

［49］王志高等《南京发掘西汉南朝墓葬》,《中国文物报》1991 年 11 月 3 日。

［50］同［48］。

［51］安吉县博物馆《浙江安吉县上马山西汉墓的发掘》,《考古》1996 年第 7 期。

［52］同［18］。

［53］长沙市文化局文物组《长沙咸家湖西汉曹𡚉墓》,《文物》1979 年第 3 期。

［54］马国权《缪篆研究》,《古文字研究》第 5 辑,中华书局 1981 年版。

［55］山东省博物馆《曲阜九龙山汉墓发掘简报》,《文物》1972 年第 5 期。

［56］罗西章《介绍一批陕西扶风出土的汉、魏铜印等文物》,《文物》1980 年第 12 期。

［57］同［21］。

［58］中国社会科学院考古研究所、河北省博物馆文物管理处《满城汉墓发掘报告》,文物出版社 1980 年版。

［59］广州市文物管理处《广州淘金坑的西汉墓》,《考古学报》1974 年第 1 期。

［60］同［24］。

［61］文物出版社 1987 年版。

［62］王人聪《新莽官印汇考》,载《秦汉魏晋南北朝官印研究》,香港中文大学文物馆专刊之四,1990 年。

［63］赵丛苍《凤翔博物馆藏印识考》,《文博》1985 年第 6 期。

［64］同［62］。

［65］张沛《汉代"章威猥千人"龟钮铜印》，《文博》1992 年第 5 期。

［66］《汉书·王莽传》颜师古注。

［67］任常中等《长葛出土"红阳侯国徒丞"铜印考》，《中原文物》1982 年第 2 期。

［68］王献唐《五镫精舍印话》第 282 页，齐鲁书社 1985 年版。

［69］杨啸谷等《陕西阳平修筑宝成铁路中发现的"朔宁王太后"金印》，《文物》1955 年第 3 期。

［70］南京博物院《江苏邗江甘泉二号汉墓》，《文物》1981 年第 11 期。

［71］杜葆仁等《东汉司徒刘崎及其家族墓的清理》，《考古与文物》1986 年第 5 期。

［72］贾应逸《新疆尼雅遗址出土"司禾府印"》，《文物》1984 年第 9 期。

［73］叶其峰《两汉时期的匈奴官印》，载《秦汉魏晋南北朝官印研究》，香港中文大学文物馆专刊之四，1990 年。

［74］上海博物馆《上海博物馆藏印选》，上海书画出版社 1979 年版。

［75］黄盛璋《新出汉匈奴语官号印辨正》，《文物与考古论集》，文物出版社 1986 年版。

［76］陈全方《陕西出土的一批古代印章资料介绍》，《文物资料丛刊》第 1 辑。

［77］同［75］。

［78］《周叔弢先生捐献玺印选》，天津人民美术出版社 1984 年版。

［79］柯昌济《金文分域编》卷二十一。

［80］同［26］。

［81］戴应新《记"汉匈奴为鞮台耆且渠"印》，《人文杂志》1983 年第 3 期。

［82］同［75］。

［83］青海省文物管理处考古队《青海大通上孙家寨的匈奴墓》，《文物》1979 年第 4 期。

［84］参见注［73］。

［85］毕星汉《六书通摭遗》上平声十"删"。

［86］陈直《汉书新证》第 43 页，天津人民出版社 1979 年版。此印传汉长安城遗址出土。

［87］同［85］。

［88］《方雨楼集古印谱》第十一册。

［89］同［88］。

［90］《簠斋手拓古印集》第 108 页。

［91］《伏庐藏印》卷五。

［92］同［90］，第107页。

［93］俞伟超《中国古代公社组织的考察——论先秦两汉的单—僤—弹》，文物出版社1988年版。

［94］《秦汉南北朝官印征存》第191页，文物出版社1987年版。

［95］同［68］，《唯印》条。

［96］云南省昭通县文化馆《云南昭通发现东汉"孟孋"铜印》，《文物》1975年第5期。

［97］《天津艺术博物馆藏古玺印选》，文物出版社1977年版。

［98］沙孟海《印学史》第33页，西泠印社1987年版。

［99］郭清华《勉县发现汉代多字私印》，《文物》1987年第3期。

［100］徐信印等《陕西旬阳发现一枚汉代银印》，《文物》1985年第12期。

七 魏晋南北朝印

魏晋南北朝，是中国历史上王朝更迭最频繁的时期，也是战争频仍、时局动荡不安的年代。由于这些原因，传世以及出土的这时期官印尤其是将军和属官印的数量可谓是历代印章之最。但是，尽管有那么多的印章遗存，对魏晋南北朝官印的研究却历来是个薄弱环节，其根本原因在于对魏晋、十六国及南北朝印章的断代、国别鉴定缺乏印文和形制方面的标准序列，无法总体把握。

80 年代以来，对于这一时期玺印的研究有了明显的突破。1987 年文物出版社出版了罗福颐主编的《秦汉魏晋南北朝官印征存》一书，第一次对三国、两晋、十六国和南北朝官印资料作了断代划分，初步勾勒出此期官印的大致轮廓，为后续的校订、调整以及归纳各期遗物的印文、形制标准奠定了良好的基础[1]。1990 年香港中文大学文物馆又出版了王人聪、叶其峰合著的《秦汉魏晋南北朝官印研究》一书，对三国、两晋、十六国和南北朝官印分门别类地做了详细研究，这为今后的纵深研究指明了道路。

（一）三国和两晋印

魏、蜀、吴三国官印大抵依从东汉制度，因此从形制、钮式上不易与东汉印区分。并且因魏、蜀、吴三国均有相同的职官名，要从印文上进一步区分三国各自的官印也有相当的难度。但是，相对来说魏国官印的鉴别要比蜀、吴两国官印容易些。例如魏颁赐给少数民族的官印，印文首冠"魏"字，就比较明确。

1978 年于陕西岐山蒲村南庄墓葬中出土一方"魏率善氐佰长"（图一九，1）铜印，驼钮，钮孔内还套以梯形活动钮环[2]，甚少见。1979 年又于陕西扶风法门镇张吴村一座窖藏出土"魏率善氐仟长"（图一九，2）驼钮铜印[3]。"氐"是古代少数民族名，东汉时居于今陕、甘、川一带。魏将夏侯渊曾击破氐，将降众徙于陕西兴平、扶风一带。此外，魏将杨阜也曾徙氐民万余户使居京兆、扶风、天水界中。详见《三国志·魏志》记载。上两印出土地点，均在魏右扶风辖境内，可证实文献记载。传世魏官印中，也有"魏率善氐佰长"、"魏率善氐仟长"及"魏率善氐邑长"印，见《征》1455～1483 著录。

出土的魏赐少数民族官印，还有 1979 年于黑龙江齐齐哈尔龙江新兴出土的"魏丁零率善佰长"（图一九，3）马钮铜印[4]。"丁零"是我国古代北方少数民族之一，汉代丁零人主要分布在匈奴北、北海（今贝加尔湖）以南地区。东汉时有部分丁零人内迁，魏晋南北朝时今山西、河北境内有定州丁零、中山丁零、北地丁零等。魏赐丁零印，尚属首次发现。

传世及各地博物馆收藏的魏赐各少数民族官印甚多，如"魏乌丸率善邑长"（《征》1402）、"魏乌丸率善仟长"（《征》1403）、"魏乌丸率善佰长"（《征》1407）；"魏鲜卑率善仟长"（《征》1413）、"魏鲜卑率善佰长"（《征》1414）；"魏屠各率善邑长"（《征》1416）、"魏屠各率善仟长"（《征》1418）、"魏屠各率善佰长"（《征》1419）；"魏匈奴率善仟长"（图一九，4，

《中原文物》1993年第4期）；"魏匈奴率善佰长"（《征》1423）；"魏蛮夷率善邑长"（《征》1424）、"魏蛮夷率善仟长"（《征》1426）；"魏率善胡邑长"（《征》1428）、"魏率善胡仟长"（《征》1433）、"魏率善胡佰长"（《征》1442）；"魏率善羌邑长"（《征》1484）、"魏率善羌仟长"（《征》1488）、"魏率善羌佰长"（《征》1491）；"魏率善叟邑长"（《征》1500）、"魏率善叟佰长"（《征》1501）；"魏率善㑒邑长"（《征》1502）、"魏率善㑒佰长"（图一九，5，浙江省博物馆藏）等。所见民族有乌丸、鲜卑、屠各、匈奴、蛮夷、胡、羌、叟、㑒等，再加上前述之氐、丁零，计有11个民族之多。这从一个侧面反映了当时的社会政治状况以及中原政府的民族政策。

值得注意的是，所见魏赐少数民族官印，一是印文只用"率善"字样，或置民族名前，或置民族名后；二是官印的级别只有"邑长"、"仟长"、"佰长"三种，这与汉、晋的同类印略有不同。

此外，传世魏官印还有"魏卢奴左长"（图一九，6，《征》1503）印，"卢奴"也应是少数民族名。但是，印文没有"率善"二字，官名则作"左长"，与前述印有别，尚属孤例。另外，此印印文又加刻边框，也属少见。有必要进一步推敲。

三国时期颁给少数民族的官印中，还有一些是不标明中原朝廷国号的，如传世的"蛮夷邑君"（《征》1504）、"蛮夷邑长"（《征》1505）等印。1990年于湖南平江梅仙钟家村，村民在烧砖取土时又发现一方"蛮夷侯印"（图一九，7）蛇钮金印[5]。平江古属荆州，为当时蛮族聚居地区。上述蛮夷官印，有可能是吴或蜀的统治者颁赐给当地的蛮族首领的。

从印文的地名、侯名、职官名，结合文献记载研究，能够

图一九　三国官印

1."魏率善氐佰长" 2."魏率善仟长" 3."魏丁零率善佰长" 4."魏匈奴率善仟长" 5."魏率善偽佰长" 6."魏卢奴左长" 7."蛮夷侯印" 8."南乡太守章" 9."新安铁丞"

分别确指属于魏、吴、蜀的官印并不多。属于魏的有"南乡太守章"（图一九，8，《征》1385）、"安阳乡侯"（《征》1374）、"安国亭侯"（《征》1375）、"千秋亭侯"（《征》1377）、"万岁亭侯"（《征》1378）、"长乐亭侯"（《征》1379）、"东武亭侯"（《征》1380）等印；属于吴的有"新安铁丞"（图一九，9，《征》1566）、"新兴敱长"（《征》1565）以及1979年出土于山东滕县墓葬的"遂昌令印"[6]等印，详见《征》有关印考证。传世又有"虎步司马"、"虎步叟搏司马"、"虎步挫锋司马"等印，《征》据《三国志·蜀志·姜维传》定为蜀印，尚有待进一步证实。至于《征》分列于魏、蜀、吴名下的传世官印，不排除有东汉印或两晋印的可能，其国别大都只可作为参考而不能确指。最近湖南长沙市区出土大批三国吴简，简文有不少职官名，相信随着简文的发表，必将会对三国官印尤其是吴国官印的研究提供极大的帮助。

司马氏建立晋朝后，大封宗室与功臣，在因袭汉魏制度的同时，又新置了不少官名，这在传世的两晋官印中均有不少反映。

据《晋书·职官志》，晋武帝新置"前军"、"右军"，泰始八年（公元272年）又置"后军"，加上承袭魏之"左军"，是为"四军"，传世印有"前军司马"（《征》1656）、"后军司马"（图二〇，1，《征》1657）印。另外，在屯骑等五校尉下"更制殿中将军、中郎、校尉、司马"，例如"殿中中郎将军"（图二〇，2，《征》1662）、"殿中校尉"（《征》1664）、"殿中司马"（《征》1665～1675）及"殿中都尉"（《征》1677～1682）[7]等印。并设"二卫"，"左卫熊渠武贲，右卫佽飞武贲"，如故宫博物院收藏的"武卫次飞武贲将印"（图二〇，3，《征》1661）印，镇江市博物馆收藏的印则作"武卫次飞虎贲将印"[8]，印文略有不同。

两晋的一些官爵名号采周官官名，带有复古色彩，如"典书"、"典祠"、"典府"、"典卫"、"学官"、"飤官"等。例如传世有"典祠令印"（图二〇，4，《征》1692）、"典书之印"（《征》1706）、"常山学官令印"（《征》1711）、"常山典府丞印"（《征》1712）、"东平飤官长印"（图二〇，5，《征》1714）、"太原典书令印"（《征》1713）、"鲁典书令"（《征》1754）等印，均其证。再如"成纪子典祠令"（《征》1764）、"高显子典祠令"（《征》1765）、"崇丘男典祠长"（《征》1767）、"历口男典书丞"（《征》1769）、"隰成男典书丞"（图二〇，6，《征》1770）等印，说明在子、男一类爵位的小封国，也设置这些职官。晋世的这些带有标识性的特殊官名和建制，正是我们识别晋印的重要标准和依据。

1991年于湖南安乡南禅湾晋墓出土"镇南将军章"（图二〇，7）龟钮金印及"宣成公章"（图二〇，8）龟钮金印，同墓还出土玉质两面印，一面为"刘弘"，另一面为"刘和季"[9]。刘弘，字和季，《晋书》有传，封宣成公，曾任南蛮校尉、荆州刺史、镇南将军、开府仪同三司、车骑大将军等职。出土两金印均与传合，可作为西晋印的断代标准品。50年代曾于山东峄县陶庄出土一方"平东将军章"（图二〇，9）龟钮金印[10]，原报道认为，"四平将军的设置，始于魏黄初以迄南北朝"。王人聪指出，平东将军始置于汉末，至晋代多见记载，结合钮式观察，此印当是晋印[11]。新出土的"镇南将军章"印形制、印文风格与其完全相合，可进一步确定"平东将军章"为西晋印。

两晋赐给少数民族首领的官印，印文冠以"晋"字，时代比较明确。例如1956年于内蒙古乌兰察布盟凉城沙虎子沟出土的"晋乌丸归义侯"驼钮金印、"晋鲜卑归义侯"驼钮金印及"晋鲜卑率善中郎将"驼钮银印[12]；1973年于河南洛阳从银行拣选的"晋归义胡王"（图二〇，10）驼钮金印，系1949年以前出土于甘肃一带[13]；1948年出土于甘肃西和的"晋归

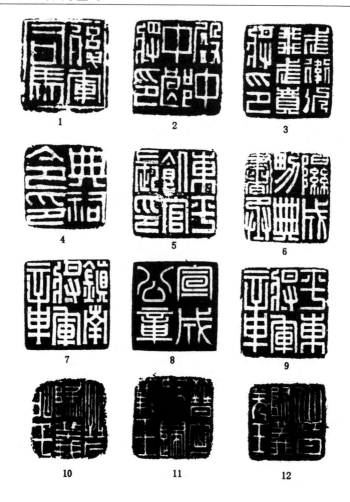

图二○ 两晋官印

1．"后军司马" 2．"殿中中郎将军" 3．"武卫次飞武贲将印" 4．"典祠令印" 5．"东平飤官长印" 6．"隰成男典书丞" 7．"镇南将军章" 8．"宣成公章" 9．"平东将军章" 10．"晋归义胡王" 11．"晋匈奴归义王" 12．"晋归义羌王"

义氐王"羊钮金印、"晋归义羌侯"羊钮金印[14]，出土地点不详、现为首都博物馆收藏的"晋匈奴归义王"（图二〇，11）驼钮金印[15]。出土的铜印，有1987年于陕西白水民间发现的"晋归义羌王"（图二〇，12）印[16]，1973年出土于陕西麟游崔木晋墓的"晋屠各率善佰长"、"晋率善胡佰长"印[17]，1971年出土于陕西千阳的"晋率善羌邑长"印[18]，1982年出土于河北尚义七甲的"晋匈奴率善佰长"印[19]，1957年于湖北宜城征集的"晋蛮夷率善邑长"印[20]，陕西岐山博物馆征集、1990年出土于岐山益店的"晋率善氐仟长"印[21]，等等，均其例。大都为羊钮，个别为驼钮。传世的这类印章数量不少，据统计，包括出土品约在300方左右。涉及的民族除已见于魏印各族外，还有"卢水"（《征》1973~1981）、"韩"（《征》2023、2024）、"貊"（《征》2025）、"夫余"（《征》2026）、"高句骊"（《征》2027~2031）、"支胡"（《征》2032~2036）等族。结合时代背景来考虑，这些赐少数民族首领之印，大都应属西晋时期。

需要指出的是，还有一些冠以"晋"字的印章，如"亲晋王印"（《征》2056）、"晋归义王"（《征》2058）等印，印文并不标明族名，"亲晋"仅表示不受统治的结欢，与意为内属的"归义"不同。印文刻划亦简率。其时代可能在两晋之际[22]。

东汉末至魏晋时期，由于战争频繁，军队扩充和临时招募的情况较多，在原有常备军的建制外，又增设别营领属和副贰将领及封各种名号的将军。所以，在传世的官印中有一大批杂号将军印，如"伏波将军章"（《征》1584）、"折冲将军章"（《征》1575）、"鹰扬将军章"（《征》1579）、"凌江将军章"（《征》1583）、"广武将军章"（《征》1589）、"建威将军章"

（《征》1601）等印。从其造型及文字风格一致性分析，应是同一时期之物，多数应属魏晋间[23]。此外，一些级别较低的军官印，做工低劣，文字潦草，而且数量极多，往往一次出土动辄几十方甚至数百方。例如1972年在河南孟津长华一处窖藏中，一次出土铜印797方，计有"部曲将印"3方、"别部司马"11方、"军曲候印"64方、"军司马印"20方、"军假司马"80方、"假司马印"619方[24]，出土数量实在惊人。1981年又在河南孟津汉魏洛阳故城东北隅一次出土"部曲将印"铜印63方[25]。1990年又在四川平昌泥龙一次出土铜印45方，其中"别部司马"2方、"军假司马"4方、"军假候印"23方、"立义行事"16方[26]。1986年在四川凉山昭觉也一次发现铜印17方，其中"军司马印"1方、"军假司马"13方、"军假候印"3方[27]。出土如此多的军印，正是连年战争的一个侧影。这类军官印，有些官名已见于东汉末年，但大量出现还是在三国两晋时期。50年代于江苏南京邓府山东晋墓的清理中，也发现有这类官印[28]。

出土和传世的魏晋官印中，有不少属于殉葬印。例如1958年出土于江苏南京老虎山3号晋墓的"零陵太守章"龟钮石印[29]，印文为楷书，甚少见。50年代于四川昭化（今广元）宝轮院23号崖墓出土的"阴平太守"龟钮铜印[30]，刻字草率，也是殉葬用印。此外，据文献记载，魏晋时期还流行一种"蜜印"，即用蜜蜡依本官印形制仿制的殉葬专用印。由于蜜蜡易化，所以出土文物中尚未见到实例。

魏晋时期的私印形制中出现了一种新的形式，即五面印或六面印。出土品中时代比较明确的如1958年出土于江苏南京老虎山2号东晋墓的"颜䌙"铜六面印[31]，下印面为"颜

綝"，其他四侧面为"臣綝"、"颜 綝白事"、"颜 綝白戋"、
"颜文和"，方柱状印钮上方为"白记"（图二一，1）。同墓地
4 号东晋墓也出土了"颜镇"铜六面印。出土的六面印，还有
1955 年于广州华南医学院工地 2 号晋墓出土的"周承公"铜
六面印[32]，1974 年于江西南昌 2 号晋墓出土的"湛千钤"铜
六面印[33]等。其印文除了姓名、姓字、谦称外，其他都是当
时印章使用的专用习语。1966 年在江苏丹徒焦湾东晋墓葬中
出土一方铜六面印，下面刻"南帝三郎"，四侧面刻"三五将
君"、"东治三师"、"大一三府"、"□□王氏"，印钮上方为
"民侨"[34]。印文除"□□王氏"、"民侨"表明印主的籍贯姓氏

1

2

图二一　魏晋六面印

1."颜綝"铜六面印　2."曹氏印信"六面印

名号外，其他的都与道教的内容有关，实为别具一格。上述六面印均可作为东晋六面印的标准品，最末一方当是殉葬专用印。

东汉后期开始兴起的悬针篆，至魏晋时期流行。此种书体上密下疏，其竖笔常作引长下垂、尖锋，有如悬针，故名。如上举的"颜㹏"六面印，"颜㹏"、"颜文和"即用悬针篆。传世的"曹氏印信"（图二一，2）六面印，就是这种书体的代表之作。

（二）十六国和南北朝官印

与东晋同时的十六国是民族大融合时期，边疆各族相继问鼎中原。由于受汉文化的强烈影响，其玺印制度与晋印大体相同，但大多制作简陋，印文草率，往往信手凿刻，很少有工整之作。

目前可以确定为北燕官印的，有 1965 年在辽宁北票西官营子冯素弗墓出土的"范阳公章"（图二二，1）龟钮金印，"辽西公章"、"车骑大将军章"、"大司马章"（图二二，2）鎏金龟钮铜印[35]。冯素弗为北燕创始人之一，是燕帝冯跋之弟，曾封范阳公、辽西公、车骑大将军、大司马、录尚书事等官爵，死于北燕太平七年（公元 415 年），《晋书》有传，附《冯跋载记》之后。出土印章与传合。从这四方印的制作情况看，应是临时凿刻的殉葬用印。

1984 年在辽宁朝阳波榛沟一座石椁墓中出土"奉车都尉"（图二二，3）龟钮银印[36]，根据伴出文物的特点，以及石椁形制与朝阳发现的十六国后燕崔遹墓[37]、北票冯素弗墓石椁形制相同，报告定其为前燕官印。

可以确定为前、后赵官印的有"亲赵侯印"（图二二，4，《征》2063）、"归赵侯印"（图二二，5，《征》2097）马钮铜印。《征》将前者定为前赵印，后者定为后赵印，并没有多大根据。但是，两者的印文均有"赵"字，应是十六国时期的赵国印，这是可以肯定的。此外，传世的"邺宫监印"（图二二，6，《征》2093）鼻钮铜印，《征》据《晋书·石勒载记》定为后赵印，应该是没有什么问题的。

传世有"右贤王印"（图二二，7，《征》2061）驼钮鎏金铜印，现藏故宫博物院。"右贤王"为匈奴王号，北汉为匈奴族刘元海所立之国，此印文无匈奴字样，但有匈奴王号，《征》定为北汉官印，甚是。另外，上海博物馆收藏的"辅汉校尉印"（图二二，8，《征》2060）龟钮铜印，《征》据《晋书·石勒载记》亦定为北汉官印，不误。

1956 年在陕西靖边统万城遗址发现"驸马都尉"（图二二，9）龟钮铜印，统万城为十六国时期赫连勃勃所建的夏国都城，结合该印的形制、钮式及印文风格，当是夏国官印[38]。

1976 年在甘肃泾川太阳墩窖藏出土的"归义侯印"（图二二，10）龟钮铜印，报道者据出土地点及该印的形制特点定其为后秦王姚兴封赐给西秦王乞伏乾归的印信[39]。另外，故宫博物院收藏有 2 方"宛川护军章"（《征》2175）龟钮铜印，"宛川"即"苑川"，是十六国时期西秦乞伏氏的郡名。前秦苻坚、后秦姚兴虽曾立过苑川县，但均为侨置。从乞伏氏立国至亡国止，苑川一直为西秦所控制。所以，这两方印可定为西秦官印[40]。

1982 年甘肃武威市文物管理委员会征集到一方"临松令

印"（图二二，11）鼻钮铜印，印面边长 2 厘米。据《晋书·地理志》"凉州"条及《甘州府志》卷四载，临松为郡县名，

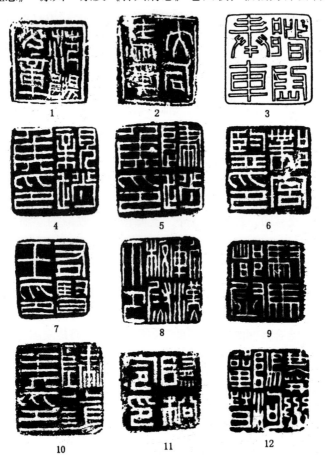

图二二　十六国官印

1."范阳公章"　2."大司马章"　3."奉车都尉"　4."亲赵侯印"5."归赵侯印"　6."邺宫监印"　7."右贤王印"　8."辅汉校尉印"　9."驸马都尉"　10."归义侯印"　11."临松令印"　12."兼并州阳河革督"

郡、县设在临松山下的南古城（今甘肃民乐县），前凉张天锡在此置临松郡，北凉沮渠蒙逊在此改置临松县。因此，武威发现的这方"临松令印"，当为北凉统治时期张掖郡属临松县令之印[41]。

传世有"兼并州阳河革督"（图二二，12，《征》2129）鼻钮铜印，瞿中溶《集古官印考》据苻坚建元四年（公元368年）所立的界山祠碑阴有"革督冯翊祖训"之文，定"革督"为前秦职官，此印为前秦印，可从。瞿氏又进一步推论，将有"兼"字之印也定为前秦印。《征》从瞿说，将9方有"兼"字并印文风格与上印接近的印，一起列入前秦官印（《征》2130~2138），尚有待证实。

传世的十六国时期官印中，还有一定数量的将军印及护军印。除个别可考外，因其与东晋印或南朝印相接近，不易区分，曾有学者作过探讨[42]。《征》分列于十六国之下的这些将军印，大体上只能作为参考。

南北朝官印在继承晋印的传统上，又有了较大的变化和发展，在中国印学史上处于承上启下的地位。传世和出土的南北朝官印并不多，虽从地名和印文风格上能将南朝印、北朝印大致区分，但真正能确指其国别者数量甚少。

南朝官印的文字多凿刻而成，往往印文草率，篆体多不合六书规范。其书体风格有粗放和拘谨两路，前者如"庐陵太守章"（图二三，1，《征》2226）、"随县令印"（图二三，2，《征》2286）等印，后者如"庐陵郡丞之印"（图二三，3，《征》2320）、"伏波将军章"（图二三，4，《征》2298）等印。形成这种差别究竟是出于不同王朝的原因，抑或前者是殉葬用印的缘故，尚待进一步研究。

南朝官印中有些印钮呈片状，圆顶如碑，高起于印背，下部有穿。其形态与传统钮式有别，系由鼻钮演变而来，或称环钮。常见于县令长及相当品位的官印，是南朝后期新出现的钮式，亦可作为断代的一项标准。此外，传世南朝官印中还有一些兽钮将军印，也是这时期流行的一种钮式。

最近几十年来未有考古出土的南朝官印记录。传世官印有"宜阳侯相之印"（《征》2251）、"巴陵子相之印"（图二三，5，《征》2252）、"绥宁子相之印"（《征》2253）等印，《征》据《宋书·州郡志》，江州有"宜阳子相"，郢州有"巴陵男相"，广州有"绥宁男相"，认为是刘宋印。志文虽未能与印文尽合，然"男相"、"子相"确为刘宋建置称谓，《征》说可信[43]。

从地名上也可以考证指出一些南朝官印，如"平山护军章"（图二三，6，《征》2274）、"平乐护军"（《征》2275）、"魏兴太守章"（图二三，7，《征》2229）、"长宁令印"（《征》2242）等印，不备举。

传世的南朝官印中，还有一批杂号将军印，如"飚猛将军之印"（《征》2306）、"伏义将军之印"（《征》2307）、"照威将军章"（图二三，8，《征》2303）、"冲冠将军之印"（《征》2304）等印。这类将军名号见于《隋书·百官志》，梁、陈均有之。

北朝官印的印面较大，往往在3厘米见方，有的印面还略呈长方形。印文的凿刻较草率，大都直刀刻出，不加修饰。笔画平直方折，构图茂密是其特色。印文中还出现不少的别字、简笔字。但其龟钮制作却十分精致，一反两晋十六国的粗简作风。此外，其印体也比前期加厚，富有时代特征。

出土的北朝官印中，有的国别、年代明确可考。1955年在河北景县发掘的北魏封魔奴墓中，出土了"冠军将军印"

图二三　南朝官印

1.“庐陵太守章”　2.“随县令印”　3.“庐陵郡丞之印”　4.“伏波将军章”
5.“巴陵子相之印”　6.“平山护军章”　7.“魏兴太守章”　8.“照威将军章”

（图二四，1）、“高城侯印”（图二四，2）、“怀州刺史印”（图
二四，3）三方铜印，印面均为 3 厘米见方，通高皆 3.5 厘米，
两方为龟钮，一方为鼻钮[44]。墓主封魔奴见《魏书·封懿传》，
在北魏官封“使持节冠军将军，怀州刺史”并“进爵高城侯”，
北魏太和七年（公元 483 年）死于代京。出土印章与史籍记载

相合。这三方官印印文刻制草率，应是殉葬用印。

出土的北魏官印，还有 1964 年于河北定县出土的石函内发现的"魏昌令印"、"军司马印"鼻钮铜印及一方鎏金龟钮铜印（字面已磨平）。因石函盖顶刻有"大代太和五年"年款，故被定为北魏官印[45]。

图二四　北朝官印

1."冠军将军印"　2."高城侯印"　3."怀州刺史印"

4."卫国公印"　5."天元皇大（太）后玺"

1982 年于陕西汉阴涧池出土的"卫国公印"(图二四,4)鼻钮铜印,印面边长 5.5 厘米,印文为阳文篆书。据《北史·周书》,卫国公名直,乃宇文泰之子,保定初为雍州牧,进位柱国,出镇梁州总管。今陕南一带即古代的梁州。因此,该印可能是宇文直的遗物[46]。1993 年地处陕西咸阳渭城的北周武帝孝陵被盗,墓中出土"天元皇大(太)后玺"(图二四,5)獬豸钮金印,印面长 4.45 厘米、宽 4.55 厘米,重 802.56 克,阳文篆书。据同出"武德皇后志铭"并参照《北史·周本纪下》,"天元皇太后"即北周武帝宇文邕的"武德皇后"阿史那氏,而"天元皇太后"称号只在大象元年(公元 579 年)二月至大象二年二月用了一年。因此该印的具体制作时间可确定为周静帝大象元年[47]。

值得注意的是,上述两方北周"卫国公印"、"天元皇太后玺"印,印文均作朱文,这是目前首次发现的北朝朱文官印实物。而且印面尺寸增大,尤其是"卫国公印"印面大至 5.5 厘米见方。这些特点与隋唐官印的普遍形式极为相似。我们知道,隋政权本是由取代北周政权而建立,因此在印制形式上两者出现相似性完全符合情理。这样看来,隋唐朱文官印应当是承袭北朝而来。过去王献唐曾推论朱文官印始于隋开皇九年(公元 589 年)[48],从新出土实物来看,需要加以更正。此外,20 世纪初在甘肃敦煌藏经洞出土的一件写经《杂阿毗昙心论》残卷末尾及背后钤有"永兴郡印"朱印文,印面约 5 厘米见方。罗福颐指出:"考永兴郡,见于《南齐书·州郡志》:宁州永兴郡,隆昌元年(公元 494 年)置。《杂阿毗昙心论》为刘宋时僧人伽跋摩等译。永兴由晋至唐均为县,只南齐称郡"[49]。据此,印学界一直将此印作为隋唐印系的先声及南齐始用朱印的惟一实物例证。但是，此印印面大至 5 厘米见方，在南朝官印中尚属孤例，且无出土实物可以佐证。印文风格也与已确认的隋唐官印无甚区别。尤为重要的是，在魏晋南北朝官印中，州郡县官印的印文体例均为地名加官名，而仅写地名的官署印始于隋。因此，有学者怀疑，这方永兴郡印"可能不会早于隋统一全国前后"[50]。这个问题牵涉到中国印学史，至关重要，需要更进一步深入研究。

注　释

［1］孙慰祖《西晋官印考述》，《孙慰祖论印文稿》，上海书店出版社 1999 年版。

［2］庞怀靖《陕西岐山县博物馆藏两方官印》，《文物》1986 年第 11 期。

［3］罗西章《介绍一批陕西扶风出土的汉魏铜印等文物》，《文物》1980 年第 12 期。

［4］金铸、李龙《黑龙江齐齐哈尔市发现"魏丁零率善佰长"印》，《考古》1988 年第 2 期。

［5］《中国文物精华（1993）》第 118 号，文物出版社 1993 年版。

［6］滕县博物馆《山东滕县出土两批铜印》，《考古》1980 年第 6 期。

［7］"殿中都尉"一职见《晋书·舆服志》"中朝大驾卤簿"。

［8］肖梦龙等《镇江博物馆藏古代铜印》，《文物》1983 年第 8 期。

［9］安乡县文物管理所《湖南安乡西晋刘弘墓》，《文物》1993 年第 11 期。

［10］李既陶《山东峄县发现平东将军金印》，《文物》1959 年第 3 期。

［11］王人聪《新出历代玺印集释》第 72 页，香港中文大学文物馆专刊之三，1987 年。

［12］李逸友《内蒙古出土古代官印的新资料》，《文物》1961 年第 9 期。

［13］贺官保等《洛阳博物馆藏官印考》，《文物》1980 年第 12 期。

［14］薛英群《晋归义羌侯印与晋归义氐王印》，《文物》1964 年第 6 期。

［15］姜东方《"晋匈奴归义王"金印》，《文物》1988 年第 6 期。

［16］任树民《陕西白水县发现"晋归义羌王"印》，《考古》1991 年第 3 期。

［17］陈全方《陕西出土一批古代印章资料介绍》，《文物资料丛刊》第 1 期。

[18] 同［17］。

[19] 吴乃发《关于匈奴印的资料》，《考古与文物》1988 年第 3 期。

[20] 王少泉《襄樊地区出土的几方铜印》，《江汉考古》1990 年第 1 期。

[21] 刘少敏《陕西岐山出土西晋官印》，《考古》1994 年第 5 期。

[22] 同［1］。

[23] 叶其峰《古玺印与古玺印鉴定》第 17 页，文物出版社 1997 年版。

[24] 同［13］。

[25] 赵安杰《汉魏洛阳故城发现六十枚汉代官印》，《文物》1984 年第 5 期。

[26] 马幸辛等《平昌泥龙乡出土汉代铜印考析》，《四川文物》1991 年第 1 期。

[27] 毛瑞芬等《四川昭觉县发现东汉武职官印》，《考古》1993 年第 8 期。

[28] 南京博物院《南京邓府山古残墓二次至四次清理简介》，《文物参考资料》
1955 年第 11 期。

[29] 南京市文物保管委员会《南京老虎山晋墓》，《考古》1959 年第 6 期。

[30] 沈仲常《四川昭化宝轮镇南北朝时期的崖墓》，《考古学报》1959 年第 2 期。

[31] 同［29］。

[32] 广州市文物管理委员会《广州市文物管理委员会一九五五年清理古墓葬工作
简报》，《文物参考资料》1957 年第 1 期。

[33] 江西省博物馆《江西南昌晋墓》，《考古》1974 年第 6 期。

[34] 同［8］。

[35] 黎瑶渤《辽宁北票县西官营子北燕冯素弗墓》，《文物》1973 年第 3 期。

[36] 田立坤《朝阳前燕奉车都尉墓》，《文物》1994 年第 11 期。

[37] 陈大为等《辽宁朝阳后燕崔遹墓的发现》，《考古》1982 年第 3 期。

[38] 陕北文物调查征集组《统万城遗址调查》，《文物参考资料》1957 年第 10
期。

[39] 刘玉林《甘肃泾川出土的古代官印》，《考古与文物》1988 年第 1 期。

[40] 叶其峰《魏晋十六国时期的护军、中护军及护军印》，《秦汉魏晋南北朝官印
研究》，香港中文大学文物馆专刊之四，1990 年。

[41] 黎大祥《甘肃武威发现北凉"临松令印"》，《文物》1997 年第 9 期。

[42] 同［40］。

[43] 同［23］，第 20 页。

[44] 张季《河北景县封氏墓群调查记》，《考古》1957 年第 3 期。

[45] 河北省文化局文物工作队《河北定县出土北魏石函》，《考古》1966 年第 5
期。

［46］ 徐信印等《陕西汉阴出土"卫国公印"》，《文博》1986 年第 3 期。

［47］ 曹发展《北周武帝陵志、后志、后玺考》，《中国文物报》1996 年 8 月 11 日。

［48］ 王献唐《五镫精舍印话》，齐鲁书社 1985 年版。

［49］ 罗福颐《古玺印概论》第 71 页，文物出版社 1982 年版。

［50］ 张锡瑛《中国古代玺印》第 77 页，地质出版社 1995 年版。

八　隋、唐、五代印

隋唐时期，官印制度发生了重大的变革，印绶制度被废除，官署署印出现，其掌管和移交形成一种新的制度。由于简牍的完全废止，封泥不再使用，官印直接钤盖在纸面上。所以，这时期的官印印面边长增大到5厘米以上，钮制简化但加大加高，印文摒弃了传统的白文，改用朱文小篆。这一规范遂成为后世官印的模式，从而结束了长达八百余年的秦汉印系的统治，标志着隋唐印系的确立。

迄今为止，能确定为隋官印的只有四方。其中北京故宫博物院收藏的"广纳戍印"印，背款为"开皇十六年十月一日造"（图二五，1）[1]。天津艺术博物馆收藏有二方："观阳县印"印，背款为"开皇十六年十月五日造"（图二五，2）；"桑乾镇印"印，背款为"大业五年正月十一日造"（图二六，1）[2]。另一方为日本岩手县立博物馆收藏的"崇信府印"印，背款为"大业十一年七月廿日造"（图二六，2），系太田孝太郎旧藏[3]。除第一方的印面尺寸为5.6厘米见方、第四方的印面尺寸为5厘米见方外，余皆为5.3厘米见方。四印均为鼻钮。综观其印文风格，其篆书犹如六朝碑志的篆额，飘逸秀丽，一反汉印的浑厚古朴之姿，与被列为南齐印的"永兴郡印"[4]一脉相承。

有学者提出，印背有年款的作法始于宋代，因此怀疑这几方隋官印的年款可能是后人伪刻。罗福颐在《古玺印概论》中

图二五　隋代官印（一）

1.“广纳戍印”　2.“观阳县印”

认为：“其说容或可信”，后来他在《偻翁印话》中又明确指出：“均是古董商人所伪刻”[5]。但多数研究者认为，仅因唐印不刻年款就认为隋印也不刻年款，并不具有说服力。孙慰祖更进一步将这几方刻有年款的隋官印和出土的唐官印作比较研

图二六　隋代官印（二）

1.“桑乾镇印”　2.“崇信府印”

究，指出其在钮式和印文风格上都具有一些与唐官印不同的特点，两者有不同的个性。这些细微的特点是早年包括现在的作伪者都还不具认识条件的，将隋官印与唐官印之间从书法、钮制、印文辞例上归纳判别标准，还只是近二十年来学术界尚在进展中的认识。同时，他又将这几方隋官印上的“开皇”、“大业”两类凿款文字，与同时期造像上的年款和黎州出土的隋纪年砖铭文字相比勘，指出两者的时代风格是相一致的。北朝、隋的铜佛像多见凿有年款，至唐代遽然消退，这一现象与铜印上的情况正相冥合，很显然这是一种风气的转变。因此，仅以唐官印未有年款而逆推隋官印也不当有年款，看来是不可靠的[6]。

传世的唐官印很少。故宫博物院藏有"中书省之印"（图二七，1）印和"唐安县之印"（图二七，2）印[7]。日本岩手县立博物馆藏有"魏州之印"印[8]。《待时轩印存》收录有"尚书兵部之印"印，印面边长5.8厘米。《隋唐以来官印集存》收录有"东安县印"印，印面边长5.2厘米。《古玺印概论》收录有"静乐县之印"、"归顺州印"、"涪婆县之印"、"鸡林道经略使之印"印，后两印的印面均为5.6厘米见方。《集古官印考》据《新唐书·高宗纪》有"鸡林道"之名而定"鸡林道经略使之印"印为唐印。此外，上海博物馆收藏的唐官印中，近年有两方已被考出具体年代，一方是"齐王国司印"（图二七，3），印面5.6厘米见方，据《旧唐书·元吉传》及《新唐书·百官志》可定为初唐制作。另一方是"平琴州之印"（图二七，4），据《旧唐书·地理志》，平琴州为唐代始置，天宝元年（公元742年）改为平琴郡，乾元元年（公元758年）复为州，建中二年（公元781年）并入党州[9]。各印虽无年号，但从书体篆法上看，将这几方印定为唐印应该是可信的。传世的一些印蜕（或称印拓）资料中，保存有确切纪年的唐印，可与之相验证，如《书道全集》第十卷收有日本最澄法师的"越州带来物品目录"，钤有"明州之印"（唐贞元二十一年、日本延历24年），以及同年台州公验判署所钤的"台州之印"，都是朱文小篆大印。再如，浙江省博物馆收藏有宋拓本

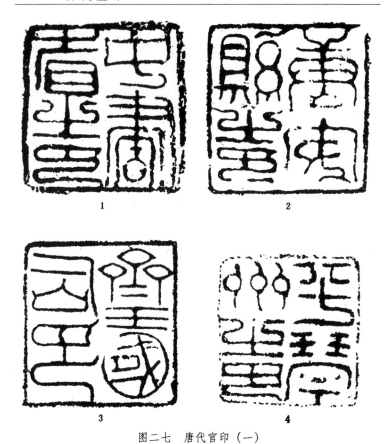

图二七　唐代官印（一）

1."中书省之印"　2."唐安县之印"　3."齐王国司印"　4."平琴州之印"

颜真卿《忠义堂帖》[10]，其中乾元元年（公元758年）四月的告身中有"尚书吏部告身之印"，宝应元年（公元762年）的告身中有"尚书吏部之印"。宝应二年的告身中有"尚书司封之印"。这些印文的印面尺寸均在5～5.2厘米见方，与唐制尚书省诸司印方二寸相接近。其印文书体均为朱文细笔小篆，与上述诸印的风格完全相符，可以比照参看。

50 年代以来，全国各地陆续出土了一些唐官印及印蜕资料，使学术界对唐官印的认识较过去有了长足的进步。

1958 年于浙江绍兴出土"会稽县印"鼻钮铜印，印面为 5.5 厘米见方，同出铜印盒一件，方形盝顶（图二八，1）。1968 年又于浙江安吉出土"金山县印"鼻钮铜印，印面为 5.5 厘米见方，同出也有一件方形盝顶印盒（图二八，2）。两印均藏浙江省博物馆[11]。观察原物，两印的字画系用小铜条盘绕焊接而成，遇有枝笔，再用短条焊接上去。这是一种新的工艺，可称"焊接法"。也有人提出，应称"掐丝法"[12]。沙孟海则称之为"蟠条印"[13]，也有人称为"条带印"。据史志记载，会稽县为隋开皇九年（公元 595 年）从山阴县分出，唐因之；隋、唐均有金山县，隋之金山县乃大业末改金山府所置，唐之金山县为垂拱四年（公元 688 年）改金华县所置。从这两方印文风格及无背款情况分析，当是唐印。出土的唐官印带有印盒者，尚有 1984 年于广西隆安城厢出土的"武夷县之印"鼻钮铜印，背款"武夷县之印"（图二九，1），印面 5.5 厘米见方，同出盝顶印盒，作四方攒尖形加宝顶，四边有心形镂孔[14]。据《新唐书·地理志》，武夷县为唐代所置，属岭南道武峨州。同上述三印可资对照者，有 1984 年春季中国社会科学院考古研究所河南洛阳第二工作队于河南偃师杏园村发掘的唐李存墓出土的"渤海图书"（图二九，2）铜印，同出也有一件方形盝顶印盒，形制与会稽县印、金山县印之印盒十分相似，只是尺寸略小，现陈列于北京大学赛克勒博物馆。据墓志记载，李存死于唐会昌五年（公元 845 年），生前为八品下级官吏，"渤海"是其籍贯[15]。由此可以证实，将上述铜官印的年代定为唐代，应该是没有问题的。

1

2

图二八　唐代官印（二）

1. "会稽县印"及印盒　2. "金山县印"及印盒

图二九　唐代官印（三）

1．"武夷县之印"　2．"渤海图书"　3．"蒲类州之印"

4．"右武卫右十八车骑印"

1973 年于新疆吉木萨尔唐代北庭都护府故城出土"蒲类州之印"（图二九，3）鼻钮铜印，印面边长为 5.7 厘米[16]。此印不用焊接法，系铸造而成，字画深度达 5 毫米[17]。据考证，蒲类州在今新疆奇台、木垒一带，唐代于此设行政机构以便管理当地的突厥游牧部落。90 年代，先后在陕西的扶风、

西安等县市出土了几方唐官印。如 1993 年于陕西扶风出土的
"右武卫右十八车骑印"（图二九，4）鼻钮铜印，印面边长
5.1 厘米。"右武卫"是唐代京畿地区十六卫之一，"右十八车
骑"乃是其下属机构。"车骑"又称"别将"，其主管官后来改
为副郎将，称"鹰扬府"，最后皆称"折冲府"。西安市发现的
"千牛府印"（图三〇，1）铜印，短矩形杙钮，印面边长 4.8
厘米。"千牛"本为刀名，南北朝后期曾设有"千牛备身"的
官职，即持刀侍立皇帝左右的侍卫。隋唐沿用其名。唐代设
"左右千牛卫"，也是京畿地区十六卫之一。西安市发现的另一
方"保林县印"铜印，短矩形杙钮，印面边长 5.7 厘米[18]。
据印文特征推测似用焊接法制造。1976 年于内蒙古巴林右旗
李家园子出土的"八作使印"（图三〇，2）铜印，印面 5.5 厘
米见方，印文凸起，高出减地约 0.5 厘米，印背作二层台，扁
平状杙钮。"八作使"为唐玄宗时所设，北宋时改称"八作
司"，因此该印被定为唐代官印[19]。此外，1982 年征集的发
现于河南洛阳河滩的"诸道盐铁使印"铜印，印面边长 6.1 厘
米[20]；1985 年于安徽贵池灌口的秋浦河滩先后两次发现三方
铜质官印，印面边长均为 5.4 厘米，扁长方形钮。一方为"宜
春县印"（图三〇，3），印背左上角亦镌一"上"字；一方为
"萍乡县印"，印背左上角镌一"上"字；一方为"豫州留守
印"。据三印所标地点变迁情况及三印形制、书体风格，原报
道将其制作年代定为唐武德元年（公元 618 年）至至德七年
（公元 761 年）之间[21]。河南灵宝县文管会近年征集的一方
"东都尚书吏部之印"（图三〇，4）玉印，印面边长 5.7 厘米，
也被定为唐官印[22]。

1975 年于甘肃甘南临潭牛头城古城堡遗址出土一方"蒲

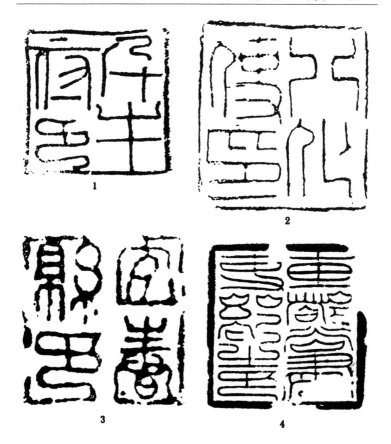

图三〇 唐代官印（四）

1."千牛府印" 2."八作使印" 3."宜春县印" 4."东都尚书吏部之印"

州之印"泥质灰陶印，无钮，背面墨书"蒲州之印"，印面边
长 5.5 厘米[23]。类似的陶质唐官印有传世品，如"尚书兵部
之印"、"相州之印"印[24]，均无钮，尺寸相似。1981 年于陕
西榆林马合出土"夏州都督府之印"陶质两面印，背刻"银州

之印"，印面边长 5.5 厘米。"夏州都督府"只在唐贞观二年
（公元 628 年）至天宝元年（公元 742 年）在陕北靖边县统万
城设立过，而"银州"也只在此期间隶属于夏州都督府，可证
其为唐印无疑[25]。90 年代于陕西出土的唐官印中，也有一方
陶印，印文为"万年县之印"（图三一，1），无钮，印面边长
5.4 厘米。隋有万年县，沿北周之旧，开皇二年（公元 582
年）改名为"大兴"，唐玄宗天宝七年（公元 748 年）曾改为
"咸宁"，肃宗乾元二年（公元 759 年）复改为"万年"。从印
文特点也可定为唐印[26]。这五方陶印均作朱文，其印文书体
蜿曲细劲，风格与铜印完全相同。过去以为唐代没有殉官印的
制度和习俗，但这几方印皆为陶质，其用途显然不可能是实用
之印，而应是殉葬专用印。

1972 年于河北隆化韩吉营西沟出土"契丹节度使印"（图
三一，2）狮钮鎏金铜印，印面为长方形，长 6.5 厘米，宽 6
厘米，印文为焊接法制造[27]。节度使一职始于唐睿宗景云年
间，但"契丹节度使"《唐书》无载。该印印钮制作极精，鎏
金的做法隋唐以后又不见，此印是否为唐中央政府所颁，尚待
考证。此外，1960 年曾于黑龙江宁安渤海国上京龙泉府遗址
出土一方"天门军之印"（图三一，3）鼻钮铜印，背款"天门
军之印"，印面边长 5.3 厘米[28]。其印文凸起较高，深达 0.9
厘米，系铸造而成。罗继祖定其为渤海国遗物[29]，此印风格
与唐官印一致，显然是效法唐朝而为。

从上述出土的唐官印和已被确认的传世唐官印来看，其印
面尺寸均超过 5 厘米，以 5.6 厘米见方为常见，合于唐制尚书
省诸司印方二寸（《印典》）的制度。钮式以鼻钮为主，也有杙
钮。印面文字大多为焊接法所为，少部分为直接铸造，但字口

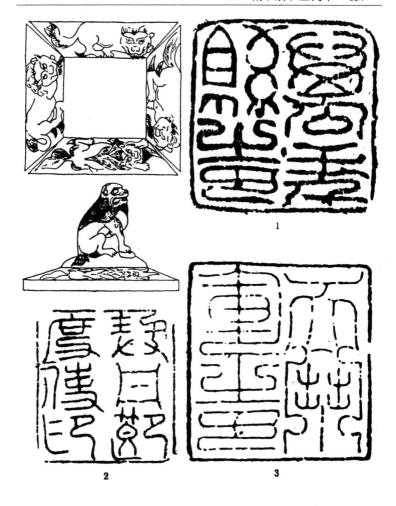

图三一　唐代官印（五）

1. "万年县之印"　2. "契丹节度使印"　3. "天门军之印"

均极深。部分唐官印还刻有印名背款或"上"字。这些特点都是我们鉴别唐官印的重要依据。

新疆地区特有的干燥气候为保存古代纸质文物创造了极好的条件，出土的唐代文书上往往钤压有朱文官印，这些印蜕资料也是研究唐代官印的重要材料。已发表的资料，如 1973 年吐鲁番阿斯塔那唐墓群出土文书上钤有的"安西都护府之印"、"西州都督府之印"、"高昌县之印"、"天山县之印"、"蒲昌县之印"、"柳中县之印"等印，都是朱文篆书，其书体风格均与上述唐官印相同，印面尺寸都是 5 厘米见方。另外，在这些墓中还发现在"过所"即唐代的通行证上钤有"瓜州都护府"、伊州、沙州、玉门关等处的印[30]。1981 年在吐鲁番吐峪沟千佛洞出土的一件征用车牛的文书上，也钤有"西州之印"，印面尺寸 5 厘米见方[31]。这些出土资料，均是确认唐官印的直接证物。

附带指出，近年出版的《中国篆刻》提出了以"之"字为区别隋与唐官印的特征标志[32]。这个看法首先是由罗福颐提出的，他在《偻翁印话》中论及唐代官印多有"之"字，不用"之"字者多半为隋官印。应该说，前述已被确定的四方隋官印的确未见"之"字，而唐官印中加"之"字的也确实很多。但已被确认的唐官印中印文有的用"之"字，有的却未用，出土及传世唐官印均有这方面的例子，如上引安徽贵池出土的三方唐官印（两方县印，一方州留守印）的印文均无"之"字。此外，50 年代在西安发掘唐代大明宫遗址，曾出土唐代用来封缄盛贡品的坛、瓶口的封泥（与秦汉封泥不同，土块甚大，上抹白垩泥），上面除了墨书题记外，还盖有朱印。印文有用"之"字者，如"歙州之印"、"碳州之印"、"襄州都督府之印"。也有不用"之"字者，如"凤翔府印"、"云南安抚使印"、"潭州都督府印"等[33]。这些封泥都是中、晚唐遗物，时代明确，看来此时两种情况仍然并存。综合诸种因素考虑，印文加"之"字可能因为有的行政地名仅有两字，而印文通常必须在四个字以上，未必与时代有关。因此，单纯从印文添加"之"字的角度来认定唐官印，是易致偏颇的。在结合钮式、印文书法及印文外证诸方面综合考虑时，它或可能具有参考意义[34]。

隋、唐私印传世极少。《吉金斋古铜印谱》收录有"世南"（图三二，1）、"真卿"（图三二，2）印，是否虞世南、颜真卿之物，未敢遽信[35]。明甘旸《集古印谱》卷五收有"端居室"（图三二，3）印，下注："玉印，鼻钮，唐李泌端居室，斋堂馆阁印始于此。"室名印始于唐的说法，已得到印学史研究者的一致公认。罗福颐曾举敦煌石室所出藏经上所钤的"报恩寺藏经印"、"瓜沙州大经印"作为唐私印代表[36]，从严格意义上讲，这两方印不能称之为"私印"，至多只能相当于斋堂馆阁印，其风格颇似唐官印。1972年于河北隆化与前述"契丹节度使印"同一地点出土的还有一方铜私印，人形钮，印面长2.3厘米，宽1.9厘米，印文仅刻一隶书"金"（图三二，4）字。这种隶书印是否唐代物尚不能肯定。值得指出的是，1973年于河南洛阳铁路医院唐墓出土的"武威习御（？）图书"（图三二，5）铜印[37]，以及上引1984年于河南偃师杏园村唐李存墓出土的"渤海图书"铜印，应该是私人用印，这是没有问题的。"图书"是印章的别称，"渤海"是墓主李存的籍贯，"武威"当也是墓主的籍贯，"习御"则是姓名。如此理解不误的话，那么这两方印可作为出土唐私印的代表。但是，这段时间的私印为何甚少见出土记录，按理即使无殉印习俗，也应有传世品，这一问题尚有待进一步研究。此外，过去以为印称"图

图三二　唐代私印

1. "世南"　2. "真卿"　3. "端居室"　4. "金"　5. "武威习御（？）图书"

书"始于宋代，是专门钤盖在收藏的图画或书籍之上，以表示该书画为某人所有，如宋"内府图书之印"、"李玮图书"、"归远图书"等印，元代因此泛称私人印章为"图书"[38]。事实上，南唐李氏所收藏的书画中，已经钤有"内殿图书"印，可见印称"图书"早于宋代。上述两方唐印的出土，更将印章称"图书"的历史上溯到唐代。

　　五代十国的印章，发掘品和传世印都极少，可供研究的资料有限。出土的官印仅有前蜀王建墓出土的"高祖神武圣文孝德明惠皇帝谥宝"（图三三，1）玉印，系抗战期间由原中央研究院历史语言研究所在四川成都发掘所得。印为白玉质，龙

1

2

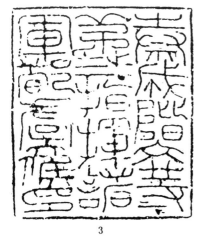

3

4

图三三　五代十国官印（一）

1.“高祖神武圣文孝德明惠皇帝谥宝”　2.“陕虢防御都虞候朱记”

3.“秦成阶文等第三指挥军都虞候印”　4.“右怀略指挥兼第一都记”

钮，钮（龙身）贴金，印边刻有龙凤云纹，印文阴刻，印面长11.7 厘米，宽 10.7 厘米[39]。王建于公元 907 年建前蜀称帝，此印为其死后追封谥号的玺印，用作殉葬，故印文刻制十分草率，但由此可窥五代官印之一斑。

陕西西安曾出土一方"陕虢防御都虞候朱记"（图三三，2）枳钮铜印，印面略呈长方形，长 5.8 厘米，宽 5.6 厘米。据文献记载，唐于贞元元年（公元 785 年）始置陕虢都防御使，报道者依此定为唐官印[40]。此印印文篆法及风格与已确认之唐官印差距甚大，却与传世品中定为五代印的"秦成阶文等第三指挥军都虞候印"（图三三，3）碑钮铜印[41]有相似之处，且钮为枳钮，很有可能是五代早期印。印称"朱记"，始于此印。此外，1987 年于四川芦山毛家坝出土"右怀略指挥兼第一都记"（图三三，4）碑钮铜印，印面长 4.9 厘米，宽4.7 厘米[42]，原报道推断其系唐或五代时印。从印文特点看，应为五代印。

日本太田孝太郎旧藏有"曲阳县捕贼记印"（图三四，1）碑钮铜印，现藏岩手县立博物馆。印面略呈长方形，其时代原定为唐[43]。从印文风格来看，似应定为五代为妥。传世品中被确认为五代印的，还有北京故宫博物院收藏的"右策宁州留后朱记"（图三四，2）鼻钮铜印[44]，印面长 8.3 厘米，宽 3.2厘米，印文隶书，刻制极精。此外，罗福颐《古玺印概论》中还著录一方"元从都押衙记"（图三四，3）铜印，印面长 5.5厘米，宽 4.6 厘米，罗氏考证为降梁唐将刘鄩所用的"押牙"[45]。此印以楷书入印，为唐宋官印中的孤例，因此有学者对其提出怀疑[46]。

浙江省博物馆藏有五代《吴越国二王批札卷》[47]，系当时

图三四 五代十国官印 (二)

1.“曲阳县捕贼记印” 2.“右策宁州留后朱记”

3.“元从都押衙记” 4.“建业文房之印”

官府给寺院的牒文,在龙德二年(公元 922 年)钱镠的批札上,前后连续盖有七方朱文官印,印文为"镇海军新节度使印",印面长 5.5 厘米,宽 5.3 厘米。值得指出的是这七方官印篆法均不相同,显然用的不是同一方印,而连续盖印的用印方式也很特别。这是目前所见惟一的吴越国官印印蜕,也是唐末至五代初期官印的标准参考品。

故宫博物院收藏的唐代《怀素自叙草书卷》,尾部有南唐昇元四年(公元 940 年)重装款,并盖有朱印,印文为"建业文房之印"(图三四,4)[48]。它既可作为南唐官印的参考资料,也可视作收藏鉴赏印的最早印蜕。

五代的私印迄今尚未有出土的报道。

注　释

[1] 罗福颐《古玺印概论》第 75 页,文物出版社 1982 年版。

[2] 《天津艺术博物馆藏古玺印选》,文物出版社 1977 年版。

[3] 《太田孝太郎コレクシヨン中国古印》,岩手县立博物馆,1990 年。又见《书道全集·印谱篇》。

[4] 同[1],第 72 页。

[5] 载《古文字研究》第 11 辑,中华书局 1985 年版。

[6] 孙慰祖《若干唐官印的考释及相关问题》,《孙慰祖论印文稿》,上海书店出版社 1999 年版。

[7] 罗福颐主编《故宫博物院藏古玺印选》,文物出版社 1982 年版。

[8] 同[3]。

[9] 同[6]。

[10] 《忠义堂帖》,西泠印社 1994 年版。

[11] 《浙江文物》第 123 页,浙江人民出版社 1987 年版;沙孟海《印学史》第 30、31 页,西泠印社 1987 年版。

[12] 周其忠《唐代官印初探》,《故宫博物院院刊》1990 年第 1 期。

［13］沙孟海《印学史》第 23 页，西泠印社 1987 年版。

［14］王克荣《广西隆安县发现唐代铜官印》，《文物》1990 年第 10 期。

［15］北京大学赛克勒博物馆陈列说明。又见《燕园聚珍》第 257 页，文物出版社 1992 年版。

［16］《古为今用，花开满园》，《文物》1975 年第 1 期。

［17］新疆博物馆张荫才先生于 1988 年 6 月 16 日致国家文物局研究室函，转引自周其忠《试述隋唐官印之特征及相关问题》，《东方博物》第 4 期，1999 年。

［18］王翰章《陕西出土的四方唐代官印》，《中国文物报》1995 年 1 月 8 日。

［19］韩仁信《内蒙古巴林右旗李家园子村出土唐印》，《考古》1997 年第 8 期。

［20］苏健《洛阳博物馆藏印拾零》，《中原文物》1993 年第 4 期。

［21］赵建明《安徽省贵池市发现三方唐代官印》，《文物》1995 年第 10 期。

［22］郭敬书《灵宝县发现唐"东都尚书吏部之印"》，《文物》1989 年第 7 期。

［23］李振冀《甘南藏族自治州发现唐代陶质印》，《文物》1978 年第 6 期。

［24］同［4］，第 29、30 页。

［25］王富春《陕北榆林出土一枚唐代陶印》，《文物》1988 年第 2 期。

［26］同［18］。

［27］隆化县文物管理所《河北隆化县发现契丹节度使印》，《考古》1982 年第 4 期。

［28］黑龙江省文物考古工作队《黑龙江古代官印集》，黑龙江人民出版社 1981 年版。

［29］同［1］，第 77 页。

［30］新疆维吾尔自治区博物馆、西北大学历史系考古专业《1973 年吐鲁番阿斯塔那古墓群发掘简报》，《文物》1975 年第 7 期。

［31］柳洪亮《"西州之印"印鉴的发现及相关问题》，《考古与文物》1992 年第 2 期。

［32］刘一闻、吴友琳《中国篆刻》，上海古籍出版社 1997 年版。

［33］中国科学院考古研究所《唐长安大明宫》，科学出版社 1959 年版。

［34］同［6］。

［35］同［13］，第 61 页。

［36］同［1］，第 77 页。

［37］同［20］。

［38］林素清《篆刻》第 16 页，台北幼狮文化事业公司 1986 年版。

［39］冯汉骥《前蜀王建墓发掘报告》，文物出版社 1964 年版。

〔40〕陈全方《陕西出土的一批古代印章资料介绍》,《文物资料丛刊》第 1 辑, 文物出版社 1977 年版。

〔41〕同〔7〕。

〔42〕周曰琏《四川芦山县博物馆收集的唐和南明官印》,《考古》1993 年第 8 期。

〔43〕同〔3〕。

〔44〕同〔7〕。

〔45〕同〔1〕, 第 78 页。

〔46〕陈松长《玺印鉴赏》第 103 页, 漓江出版社 1993 年版。

〔47〕《中国美术全集·书法篆刻编 3 (隋唐五代书法)》, 上海书画出版社等 1988 年版。

〔48〕同〔1〕, 第 79 页。

九、宋、辽、西夏、金印

（一）　两宋印

宋代官印制度及特征与唐印有较多的一致性，但在继承唐印作风的基础上也有所发展。宋官印的印面在 5～6 厘米见方，有的略呈长方形。印文与印体一并铸出，铸痕往往较深，印面有细边框。钮式均为杙钮。其印文书体渐与唐印不同，为使印篆布满，往往故意使笔画增加曲折，发展到后来形成所谓的"九叠篆"体，遂为后世官印所沿用。

宋官印的最大特色是绝大多数印的印背有刻文，或刻年款，或刻年款及铸印机构名，个别印的钮顶上还刻有"上"字，故对其时代容易确定。另外，宋代对各级官吏的印章有明文规定。据《宋史·舆服志》："监司、州县长官曰印，僚属曰记。又下无记者，止令本道给以木朱记，文大方寸。"出土的宋官印与之相合。

考古发现的宋代官印数量不少，尤以军印为多。例如1952 年于内蒙古宁城大名城出土的"雄胜第［十军］指挥使记"铜印，背刻"太平兴国六年三月铸"，"神卫左第一军第二指挥第二都朱记"（图三五，1）铜印，侧刻"太平兴国三年正月铸"，"神卫左第四军第二指挥第五都记"铜印，背刻"太平兴国六年八月铸"[1]。1956 年，当地农民在此城南城一带打井时，又出土"骁捷□□十五副指挥使记"、"云翼右第五指挥第五都记"两方铜印[2]。雄胜、神卫、骁捷、云翼均是宋代的禁军番号，大名城为辽中京大定府址，也即金北京路大定府址。此地出土的宋代军印，当和宋辽、宋金间的战争有关。

出土的宋代禁军印，还有 1965 年于河北沧州东关发现的"神卫军右英烈第四指挥都虞候记"铜印[3]，此印无背款，印文的字体及行款还保持着五代至宋初这一时期官印的特点，应是宋初的官印。河北昌黎出土的"归化左曹第一军使记"（图三五，2）铜印[4]，无背款，也是宋初印。据《宋史·兵制》，宋代禁军的编制为"厢、军、指挥、都"，未见"曹"，此印可补史籍缺佚。也有学者指出，此印所称之"曹"其意义应与左、右"厢"同，这可能是沿袭五代军制而来[5]。

见于报道的出土宋代军印，比较重要的还有：1971 年于江西鄱阳湖畔新建出土的"澂海第六十九指挥第三都记"（图三五，3）铜印，背刻"元祐六年二月少府监铸"，钮顶刻"上"字[6]；1972 年于辽宁凌源北炉出土的"神射第十二指挥第四都记"（图三五，4）铜印，背刻"端拱元年五月铸"[7]；1978 年于浙江海盐澉浦出土的"雄节第一指挥第三都朱记"铜印，背刻"元祐五年六月少府监铸"，钮顶刻"上"字（图三六，1）[8]，"雄节"为军队番号，《宋史·兵制》以为是南宋时所建置，此印出土证实了前人的怀疑并纠正了《宋史》的错误。1978 年于四川金堂出土的"武宁第十九指挥第三都朱记"铜印，背刻"元祐元年少府监铸"[9]，原报道释文有误；1977 年于内蒙古昭乌达盟（今赤峰市）阿旗先锋公社出土的"虎翼右第二军第八指挥第四都记"铜印，背刻"雍熙四年十一月

图三五　两宋官印（一）

1．"神卫左第一军第二指挥第二都朱记"　2．"归化左曹第一军使记"

3．"澂海第六十九指挥第三都记"　4．"神射第十二指挥第四都记"

铸"[10]；1981年于陕西子洲驼耳出土的"河东第九副将之印"铜印，背刻"元丰七年少府监铸"[11]；1984年于河北遵化新店出土的"广勇右第一军第八指挥第四都朱记"铜印，背刻"元丰二年少府监铸"[12]；1984 年于河北迁西金龙口出土的"雄勇第十弎副指挥都记"铜印，背刻"太平兴国五年七月铸"[13]；1985 年于陕西扶风工人俱乐部基建工地出土的"湟州兵马都监司印"（图三六，2）铜印，背刻"元符三年二月少府监铸"，钮顶刻"上"字[14]；1991 年于广西南宁邕江防洪

图三六　两宋官印（二）

1．"雄节第一指挥第三都朱记"　2．"湟州兵马都监司印"

堤出土的"广南西路驻泊兵马都监铜记"铜印，背刻"庆历七年少府监铸"[15]；以及1955年于内蒙古乌兰察布盟集宁征集的"蕃落第七副指挥使朱记"铜印，背刻"嘉祐□年少府监铸"[16]；湖北沙市（今荆州市沙市区）征集的"安远第三指挥使朱记"铜印，背刻"政和元年四月少府监铸"[17]；江苏丹徒新丰河发现的"威勇第拾指挥使朱记"铜印[18]；河南省开封市先后征集的"神勇第一指挥第二都记"铜印，背刻"端拱元年六月造"；"神卫左第一军第二指挥第四都记"铜印，背刻"端拱元年八月铸"；"虎翼右第一军第二指挥都记"铜印，背刻"太平兴国三年二月铸"[19]等等。

1978年于浙江海盐澉浦开挖出海排涝工程时出土了八方南宋时期的水军印[20]。其中有："殿前司平江府许浦驻扎水军第一将印"铜印，背刻"开禧元年文思院铸"（图三七，1）；"嘉兴府澉浦驻扎殿前司水军第一将印"铜印，背刻"嘉定十六年文思院铸"；"金山防海水军第二将印"铜印，背刻"淳祐七年文思院铸"；"嘉兴府澉浦驻扎殿前司水军第四将印"铜印，背刻"开庆元年文思院铸"；"沿海制置司定海水军第一将之印"铜印，背刻"景定元年文思院铸"；"嘉兴府金山防海水军统领印"铜印，背刻"景定元年文思院铸"；"嘉兴府驻扎殿前司金山水军第二将印"铜印，背刻"德祐元年文思院铸"；"嘉兴府驻扎殿前司金山水军统制印"铜印，背刻"德祐元年文思院铸"。诸印的印钮顶均刻"上"字。这么多不同驻防区的水军印之所以会集中在澉浦出土，和德祐元年（公元1275年）元军大举进攻、宋水军节节败退的战争形势当有直接关系。这些军印的出土，为研究宋代水军提供了一些新资料，同时也弥补了《宋史》关于水军记载的失误和缺漏。此外，背款中的铸印机构是"文思院"，与北宋官印背款作"少府监"有别。据《宋史·职官志》，"少府监"和"文思院"都是宋朝管理宫廷手工业的官署，北宋称少府监，南宋并入文思院，职"掌造门戟、神衣、旌节、郊庙诸坛祭玉、法物，铸牌印朱记，百官拜表，案、褥之事"。

出土及新发现的两宋地方官印也有不少。例如河南省文物商店征集的"枣阳县新铸印"铜印，背刻"太平兴国五年九月铸"[21]；广西博物馆征集的"象州磨勘司新朱记"铜印，背刻"淳化三年五月铸"[22]。印文有"新铸印"、"新朱记"的，有湖南省博物馆于50年代初征集的"新浦县新铸印"铜印，背刻"太平兴国五年十月铸"（图三七，2）[23]，另外还有传世的"桂州冯由司新朱记"铜印[24]。瞿中溶在考证后者时曾指出，此必宋初沿五代旧制置此官，故称"新朱记"。上述四方官印印文均有"新"字，或正如瞿说。附带指出，与上述"新浦县新铸印"同时征集的还有铜质印牌一块，长21厘米，宽6厘米，正面和背面均铸有阴文楷书铭文，分别为："新浦县印牌，太平兴国五年十月铸"，"牌入印出，印入牌出"。从铭文年款看，与新浦县印铸于同时。据《宋史·职官志》，礼部掌管"出入内外牌印之事"。印授给某个官署，要把牌放在原来放印的地方，印收回来后则将牌再取出，这就是印牌上所说的"牌入印出，印入牌出"的意思。牌、印的同时发现，为我们了解宋代的官印发放管理及牌印制度提供了实物见证。此外，同出还有一方"新浦县尉朱记"铜印，无背款。1982年于山西石楼西卫出土"肥乡县尉朱记"铜印[25]，印文也称"朱记"，从字体看，有可能也是宋初印。

出土的地方官印，还有1985年于四川乐山市中区出土的

1

2

图三七 两宋官印（三）

1．"殿前司平江府许浦驻扎水军第一将印" 2．"新浦县新铸印"

"秦州理元司记"铜印，背刻"天圣四年少府监铸"[26]；1992
年于四川仪陇石佛岩出土的"宜君县印"铜印，背刻"雍熙三
年"；"阌乡县印"铜印，背刻"元丰九年少府监重造"[27]；近
年湖南江华出土的"道州江华县巡检之印"铜印，背刻"熙宁
七年少府监铸制"[28]。

1955年于浙江杭州疏浚西湖时出土"宣抚处置使司随军审计司印"（图三八，1），背刻"建炎四年二月宣抚处置使司，行府铸"[29]。这是一方南宋中央官署印，系掌管宣抚处置使司财务之总领官下属审计司所用之印。"建炎"为南宋第一个年号，"行府"当即"行少府监"或"行在少府监"之简称，本是一种临时机构。因南渡之后有司印记多亡失，彼遗此得，各自收用，尚方重铸给之，加"行在"二字，或冠以年号，以别新旧（见《宋史·舆服志》）。有人以为"行在"二字加在印文，尚无实物证明，从此印看，似当加在背款中为是。此外，南宋官印中于印文冠以年号者，见于近年湖北钟祥郢中发现的"绍兴长寿县尉朱记"铜印，背刻"绍兴五年文思院下界铸"，还有1971年于浙江省临海出土的"建炎后苑造作之印"铜印[30]。传世印也有之，如"建炎宿州州院朱记"铜印[31]。"绍兴"、"建炎"均为年号。

1975年于江苏丹阳后马陵出土"弋阳开国"铜印[32]，浙江兰溪市博物馆近年也征集到一方"兰溪开国"铜印，背刻"乾道七年十月使府"[33]。"弋阳"、"兰溪"均为地名，"开国"为爵号。后者有南宋年号，从印文风格及形制看，前者也应是南宋时期的封爵印。

出土的宋代官印中，有些印文比较少见，例如1980年于江苏常州出土的"方山县酒税务朱记"铜印，背刻"崇宁三年四月少府监铸"[34]；河南伊川发现的"西京扑河木场朱记"铜印，背刻"太平兴国七年十一月铸"[35]；1987年于河北康保土城子发现的"剩员指挥第四都朱记"（图三八，2）铜印，背刻"太平兴国五年七月铸"[36]。

宋代官印亦偶有以楷书入印者，如传世的"州南渡税场

1

2

图三八 两宋官印（四）

1. "宣抚处置使司随军审计司印" 2. "剩员指挥第四都朱记"

记"（图三九，1）铜印[37]。另外，传世还有一方"一贯背合同"（图三九，2）铜印，这是专门用在民间流通的南宋纸币"会子"上的印信，印称"背合同"，大概是印于会子的背面，与《宋史》所记"一贯文合同"印于正面者不同。传世的金代纸币"交钞"实物上也有这类合同印，所见有"中都合同""南

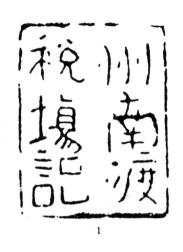 

1　　　　　　　　　　　　　　　　　　　　2

图三九　两宋官印（五）
1.“州南渡税场记”　2.“一贯背合同”

京合同”、“平凉府合同”、“京兆合同”等印[38]。

　　北宋政权灭亡之际，地方将领刘豫叛宋降金，建立伪政
权，国号“大齐”。出土的官印中，也有伪齐印，如 1962 年于
合肥安徽省博物馆馆区内出土一方杙钮铜印，印文已磨毁，背
刻“阜昌五年内作坊铸”[39]；1992 年于四川仪陇石佛岩也发
现一方“天兴县印”杙钮铜印，背刻“阜昌四年”[40]。“阜昌”
为伪齐年号，两印均是当时的历史见证物。

　　宋代的私印出土数量不多。见于报道的北宋私印有：1960
年于江苏南京太平门外王家湾北宋墓出土的“引意”（图四〇，
1）玉印[41]；1972 年于河南郏县茨芭北宋苏适墓出土的“适”
（图四〇，2）杙钮铜印，墓主系苏轼之侄[42]；1973 年于安徽

合肥东郊大兴集北宋包绥墓出土的"朱昱印章"杙钮铜印[43]；
1978 年于江苏苏州瑞光塔窖穴内发现的"与贞私印"龟钮琥珀印[44]；1988 年于安徽合肥市郊城南五里冲北宋马绍庭夫妻

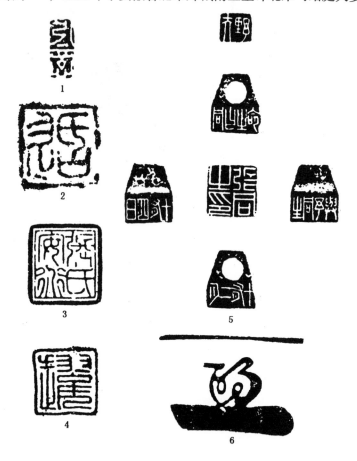

图四〇　两宋私印

1."引意"　2."适"　3."张氏安道"　4."趯"
5."张同之"、"野夫"　6.花押印

合葬墓出土的"忠肃之后"杙钮铜印，印文用焊接法制成[45]；河南商丘城内出土的"张氏安道"（图四〇，3）杙钮铜印[46]；广东潮州市郊北宋墓出土的"刘景印章"龟钮鎏金铜印[47]。

见于报道的南宋私印有：1960 年于湖南长沙东郊南宋墓出土的"趯"（图四〇，4）杙钮木印[48]；1971 年于江苏江浦南宋墓出土的"张同之"、"野夫"覆斗钮铜印[49]，印四侧刻有"十有二月""十有四日""命之曰同""与予同之"（图四〇，5），极似魏晋时期的六面印；1972 年于浙江新昌新溪丁村南宋墓出土的"卢遁"玉印，据同出墓志载，卢遁于淳熙元年（公元 1174 年）十一月入葬[50]；1979 年于湖南岳阳城陵矶粮管所基建工地出土的"宋丞相忠定赵周王印"铜印[51]。

此外，宋代已开始流行花押印（图四〇，6），传世品有之。花押本是在文书契约上签署私名的一种草体字，目的是使人不易摹仿伪造，后来用以入印。花押印初期常用在书画的收藏及鉴赏上，传世的书画作品上时常能见到。

从上述出土的印章资料来看，两宋的私印风格多样，印面大小不一，形制不同，钮制各异，材质多种，印文或阳文，或阴文，文字书体活泼，或细劲，或粗犷，并没有统一的规范。这与两宋的官印日趋规格化、匠气化有天壤之别，也为后世篆刻艺术开创了崭新的天地。

（二）辽代印

辽是以契丹族为主建立的王朝。公元 916 年辽太祖耶律阿保机统一了契丹各部，正式称帝，建立契丹政权，改元"神册"，建都临潢。公元 927 年耶律德光继位，占领燕云十六州，以幽州为燕京，改国号为"辽"，与北宋对峙。直至公元1125年被金所灭，统治中国东北及北方部分地区长达二百余年。

耶律阿保机于神册五年（公元920年）创制了民族文字"国书"即契丹大字，后来其弟迭剌又创制了契丹小字。这两种文字与汉字并行于世。由于在辽统治区内汉族和各民族杂居，因此辽把官制分为北面官和南面官两套系统，实行"以国制治契丹，以汉制待汉人"（《辽史·百官制》）的方针。所以，辽官印的印文既有汉文也有契丹文。

50年代以前发现的辽官印极少，因此对辽官印的认识相当肤浅，有些契丹文官印还曾被误认为是女真文而视作金代印。例如日本人今西春秋所藏的一方契丹文柲钮铜印、原东北博物馆收藏的一方契丹文铜印均曾被误认作女真文印，直至1957年才有学者指出是辽印[52]。前者有契丹文背款，被译为"统和廿二年五月日"，如果译文不误的话，当是辽圣宗统和二十二年（公元1004年）之物。1988年于辽宁朝阳木头城子征集的"兴中府绫锦印"（图四一，1）柲钮铜印，无背款，钮顶刻"上"字。朝阳在辽代初期称霸州，属中京道大定府，重熙十年（公元1041年）升兴中府，《辽史·地理志》有记载，同时还记载当时在辽上京设有绫锦院。印文与史籍可相印证，因此此印可定为辽官印，其铸印年代应在辽兴宗重熙十年之后[53]。传世有一方"安州绫锦院记"柲钮铜印，传此印得于辽宁开原，瞿中溶《集古官印考》根据出土地点定为辽印。三四十年代曾于黑龙江泰来塔子城发现一方"匡义军节度使印"铜印，也是因出土地点而被定为辽官印[54]。

六七十年代以来，随着考古工作的开展，辽官印时有发现，汉文印、契丹文印均有之。由于材料的增多，辽官印的特征也渐趋明显，研究水平也相应得到提高。

1972年于辽宁阜新知足山出土"启圣军节度使之印"（图四一，2）坛钮铜印，钮顶刻"上"字[55]。启圣军为辽仪坤州军号，据《辽史·地理志》，仪坤州设于辽初，同时置启圣军节度使，隶属上京道。出土印文与史志正相吻合。吉林大学文物陈列室也收藏有一方辽节度使铜印，印文为"清安军节度使之印"，杙钮，边长10厘米[56]，50年代出土于河北遵化。据《辽史·地理志》，清安军属南京道景州，主官为刺史。印文与史书记载略异，或先为刺史后改为节度使。1988年于内蒙古库伦黑城子古城遗址出土"灵安州刺史印"（图四一，3）杙钮铜印，背作二层台[57]。据《辽史·百官志》，辽的州一级地方机构分为上、中、下三等，派节度使统辖，不够节度使的则设刺史。黑城子古城系1975年文物普查时发现，基本认定为辽代州级城。此印的发现，填补了《辽史》、《金史》及《宋史》对灵安州失载的空白，为进一步研究辽代历史地理提供了新资料。1983年于吉林舒兰嘎呀河畔一座辽金古城旁出土一方"中书门下之印"（图四一，4）杙钮鎏金铜印，印背为二层台，钮顶刻"上"字[58]。原报道考其为宋印。此印风格与宋印相去甚远，又无背款，印的形制风格与已知辽官印相合，特别是其印面长7.5厘米，宽7厘米，更是宋印所未见。有学者将其改定为辽印，甚是。或定其为金印，恐未妥。此外，1975年于内蒙古敖汉旗出土的"行军都统之印"铜印，也被定为辽印[59]。

出土的契丹文官印相对较多，见于报道的有：1965年于内蒙古翁牛特旗河南营子辽代遗址出土的契丹大字官印[60]；1965年于内蒙古巴林左旗辽上京城址出土的契丹大字官印[61]、

图四一　辽代官印（一）

1."兴中府绫锦印"　2."启圣军节度使之印"　3."灵安州刺史印"

4."中书门下之印"

1971年同地出土的契丹大字官印[62]；1964年于辽宁凤城乌骨
城出土的契丹大字官印[63]（图四二，1）；1973年于辽宁咯左
南公营子出土的契丹大字官印[64]；1973年于内蒙古巴林右旗
辽庆州城出土的契丹大字官印[65]；1974年于内蒙古敖汉旗乌

兰出土的契丹大字官印[66]；1980 年于辽宁建昌白塔子出土的
契丹大字官印[67]；1984 年于吉林永吉小城子出土的契丹大字
官印[68]；1986 年于辽宁盘山城郊出土的契丹大字官印[69]；
1989 年于辽宁桓仁八里甸出土的契丹大字官印[70]等。均为铜
质，有些印钮顶刻有"上"字。上述官印的文字和已发现的锦
西西孤山辽萧孝忠墓志、朝阳柏树沟辽耶律延宁墓志、阿鲁科
尔沁旗乌苏伊和北大王墓志，以及早年发现的故太师铭石记有
相同字体者，目前学术界已基本倾向这种文字应为契丹大
字[71]。至于 1972 年于辽宁盖县高台出土的一方契丹文官印
（图四二，2），其书体风格与上述各印不同，被视为契丹小字
印[72]。由于契丹文字的解读目前尚有一定的难度，契丹官印
文字的释读更没有达到令人信服的地步，所以对印文还需要作
深入的研究。

1   2

图四二　辽代官印（二）

1. 契丹大字官印　2. 契丹小字官印

从上述诸印观察，辽官印的印面较大，个别有大至 10 厘米见方者，如吉林大学藏印；钮式均为代钮，多呈长方形扁平状；印体除呈方形外，或作二层坛式，更有作覆斗状的，如阜新出土的启圣军节度使印，此种形式更是宋、金官印中所未见。辽官印的篆文无论是汉字还是契丹文，均折叠回转较多，且折笔很硬，几成直角，与宋印区别较大。

辽私印过去发现很少，传世只有几方，有汉字印，也有契丹文印[73]（图四三，1）。50 年代曾于新疆洛浦征集到一方契丹文私印[74]（图四三，2），60 年代初也于内蒙古林东辽太祖陵园附近出土单字契丹文私印两方（图四三，3、4），一为铜质，一为滑石质[75]。历年来，内蒙古赤峰（原昭乌达盟）地区先后出土了二十余方契丹文私印，多为单字戳印（图四三，5），字的偏旁部首多见于赤峰地区出土的契丹大字碑刻[76]。从这些私印看，其作风与契丹官印有一定的区别。

50 年代曾于新疆的沙雅、伊宁各征集到一方契丹文铜官印[77]，文字风格和出土的辽官印相同。由于铜印发现在天山

图四三 辽代私印

1. 传世契丹文私印 2. 新疆洛浦征集的契丹文私印 3、4. 内蒙古林东辽太祖陵园附近出土的契丹文私印 5. 内蒙古赤峰出土的契丹文私印

南北，报道者怀疑是西辽官印。辽被金灭后，耶律大石建西辽国。公元1126年耶律大石由起儿漫（今塔吉克斯坦共和国境内）东归，建都于虎思斡尔朵城（今哈萨克斯坦共和国境内），其势力曾东达新疆吐鲁番、天山以南。因此，在新疆地区有可能发现西辽时的文物。这两方铜印如确为西辽官印，对研究辽和西辽的历史有一定的参考价值。

（三）西夏印

西夏是党项族在我国西北地区建立的国家。公元1032年，李元昊创立夏国，自称"大夏皇帝"，建都兴庆府（今宁夏银川东南），抗衡宋、辽、金三国，传十余世，立国几近二百年（公元1032～1227年）。因其在西北，故称之为"西夏"。

西夏官印均为铜质。印面略呈长方形，也有作正方形者，边长一般在5～6厘米之间，有小至4厘米者，也有个别印大至7.5厘米，如天津历史博物馆收藏的"嵬名礼部专印"[78]。多数印面的四角抹圆，四边稍呈弧形。钮为直钮，作方形或长方形，大多有穿。其印文用"国书"即西夏文，这是按照汉字结构创制的一种文字，书体用仿中原官印的九叠篆，以白文为主，作朱文者较少见。印文以两字"首领"印为常见，亦有四字或六字者。"首领"是党项民族的部落之长，统领军队，权力很大。西夏官印的背款一般都是右边为纪年款，左边刻掌印人名，钮顶刻有西夏文"上"字。

对西夏官印的著录与研究始于20世纪初。民国初年，由于对西夏文研究的深入，罗振玉从传世古印中甄别出背刻有西夏文的官印，才确定其时代，将其作为附录，首先著录于罗振玉之子罗福成的《西夏国书略论》一书中。过了两年，在罗振玉编著的《隋唐官印集存》中已收有西夏官印7方。又过了十年，罗振玉著《西夏官印集存》，才有西夏官印的专书出版。但由于研究西夏文的学者甚少，这方面的研究显得很薄弱。1982年，罗福颐经过多年的努力，将散见于各地文博机构的西夏官印汇为《西夏官印汇考》一书正式出版[79]。是书收传世品及50年代至70年代的出土品共75方（其中2方私印），注明出处，译出印文、背款年代和人名，并结合史料作了考释。此外，对西夏官印作专门考释研究比较重要的有李范文《西夏官印考释》一文，发表于1982年[80]。

80年代以来，西夏官印也时有发现。见于报道的如1984年于宁夏同心新庄集出土的"首领"印，背款右侧"□□依力"，前二字为姓，后二字为名；左侧"自掌施纪"[81]。1986年于内蒙古准格尔旗西营子出土"首领"（图四四，1）印，背款为"大德元年"、"图山逋"[82]。1986年于内蒙古准格尔旗

图四四　西夏官印

1."首领"　2."工监"

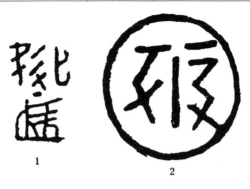

图四五　西夏私印

1.“监”　2.“千”

纳林征集“工监”（图四四，2）印，无背款，此印系1973年当地村民耕地时发现[83]。1988年于内蒙古准格尔旗马栅征集“首领”印，背款据笔意推断为“正德元年”，其余已磨泐不辨。此印系1984年当地农民盖房取石时发现[84]。1988年于甘肃天祝赛什斯出土“首领”印，背款“应天龙兔年”[85]。

　　西夏私印传世甚少，《西夏官印汇考》中附录2方，罗福颐分别释为“监”（图四五，1）、“千”（图四五，2），均是以楷书入印，不用僵化的白文九叠篆。从风格看，比官印较为舒展。

（四）金代印

　　金朝是继辽以后由原居住在我国东北黑龙江一带的女真族建立的政权。公元1115年完颜阿骨打称帝建立金朝，逐渐占有原辽国的大部分地区，最后于公元1125年灭掉辽国。公元1127年金灭北宋，从此与南宋以淮水为界，形成南北对峙的局面长达百余年。

金立国初年，官制大率循辽、宋之旧，主要使用宋辽旧印。为了统一印制，海陵王于正隆元年（公元1156年）制定了各级官印的基本制度，令礼部统一管理。从此开始，形成了自己的一套官印制度。

金代官印的质地，有金、玉、银、铜之别，这是由官吏级别的高低所决定的。传世及出土的金代官印，绝大多数为铜质，迄今只发现个别为铜质鎏金印，例如1909年于黑龙江阿城白城出土的"诜王之印"印，为铜质鎏金，系金朝大将、开国功臣完颜娄室之印[86]。

金代官印印面呈正方，大小与官品成正比。据《金史·百官志》，每品官的印面边长级差为半分。但从出土印章实物来看，同一等级的官印在不同时期的印面尺寸大小往往很不一致。例如1948年于黑龙江克东金城出土的"蒲峪路印"[87]，边长为7.8厘米，而1977年于黑龙江鸡东综合出土的贞祐五年（公元1217年）造"胡里改路之印"印[88]，边长却为6.7厘米。再如1981年于吉林扶余出土的正隆二年（公元1157年）造的"利涉县印"印[89]，边长为5.3厘米。而泰和五年（公元1205年）造的"青赛县印"印[90]，边长却大至8厘米。同样是路、县之印，尺寸相差悬殊，由此可见一斑。

金代官印的钮多作杙钮，呈长方板状，个别印钮下还有二层台，如1964年于河北承德城关出土的"元帅府印"（图四六，1）印及1954年于河北保定征集的"元帅左都监印"印等[91]。在钮的顶端多刻有"上"字，个别"上"字刻在印背的左上角或右上角。

金代官印文字以汉文九叠篆为主，偶有用契丹文的，如故宫博物院收藏的一方契丹文官印[92]。金初期曾创女真文，但迄今尚未发现有女真文官印。传世和出土的金代官印中，有在边款中刻女真文的，例如故宫博物院收藏的"移改达葛河谋克印"印[93]，除背款用汉文外，一侧边款用女真文。此外，1973年于黑龙江绥滨发现一方印模，并曾在该省金上京会宁府故址出土过一方铜印。二印均作长方形，印文为"封全"，楷书汉文和篆书女真文并用[94]。从严格意义上说，这不能算作官印。金代官印中汉文、契丹文、女真文三种文字并行，乃是当时特定历史条件下的产物。

金代官印还有一个特点是有相当部分的官印有编号。此类编号有两个不同的系列，一是以"五行"（金、木、水、火、土）为编号；一是以"千字文"（天、地、玄、黄……）为编号，如"西京差委金字号之印"（图四六，2）、"上京差委火字号之印"、"天字号行军万户所印"、"行军万户笙字号之印"等，即其例。这类编号主要流行于金代晚期，与当时大量增设临时机构和委派官吏有关。金代官印开创的以文字编号特别是以千字文编号的制度，为元、明官印编号提供了范例。

金代官印主要集中发现于东北三省及河北、河南、内蒙古等地，山东、陕西、四川等地也有发现。出土印章的数量较多，仅黑龙江省截至70年代末统计，就多达59方[95]。80年代末以前出土、已见报道者绝大多数已收入景爱所编的《金代官印集》一书[96]，总计554方，从中可以窥见金代官印的概貌。

金代官印大致上可以分为早、中、晚三个时期[97]，早期自金太祖收国元年（公元1115年）至海陵王正隆元年（公元1156年）；中期自正隆元年至金世宗大定二十九年（公元1189年）；晚期自金章宗明昌元年（公元1190年）至金亡国（公元1234年）止，各期特色明显。

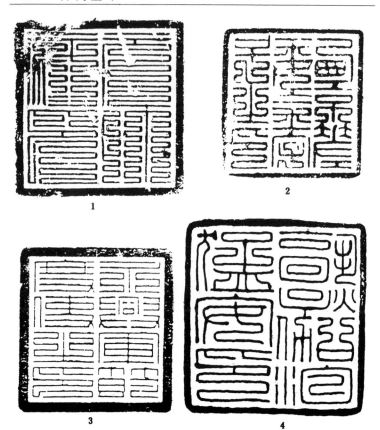

图四六　金代官印

1.“元帅府印”　2.“西京差委金字号之印”

3.“永兴军节度使之印”　4.“熟伽泊猛安印”

　　金代早期杂用辽、宋旧印，至金太宗即位后始铸造官印，故早期官印与宋、辽印区别不大。目前所见正隆元年（公元1156年）以前所造并有明确年号者，传世品有两方，其一是吉林大学收藏的“阿里合谋克印”印[98]，背款“天眷七年三月少府监造"，然天眷四年正月即改元皇统，不可能有七年，此印不排除有伪刻的可能。其二是《意园古今官印匄》著录的"永兴军节度使之印"（图四六，3）印，背款"皇统二年总管府造"，永兴军属京兆府，史载京兆府置于皇统二年（公元1142年），印文款记与之合。从此印印文来看，极似辽官印作风。出土品也有两方，其一是1986年于山东枣庄发现的"行军万户恒字号之印"印[99]，背款"贞元元年礼部造"。其二是1992年于四川仪陇环山发现的"镇戎军酒税记"印[100]，背款"贞元元年一月内少府监造"，侧款"镇戎军酒税记"。两印具有明显的金代官印特征，后者印文称"记"不称"朱记"，也是金印的一个特色。

金代中期，官印的铸造比较精致讲究，印文布局规矩整齐，印面尺寸与品阶相一致，合乎职官制度的标准。官印多数由少府监（内少府监）颁造，少数由尚书礼部颁造。自金世宗大定十年（公元1170年）后，官印似均由尚书礼部颁造，这是从出土印章的款记所得的结论，而不见史书记载。

金代中期的官印，多为朝廷官印、州县官印和猛安谋克印，其他诸如军官印、勾当公事印、委差官印等数量很少。如1958年于安徽淮南市征集的"尚酝署印"印[101]，背款"正隆二年六月内少府监造"；1973年于黑龙江宾县长安出土的"上京路提控印"印[102]，背款"大定七年四月十八日"；50年代于吉林九台布海出土的"韩州刺史之印"印[103]，背款"大定二年闰二月少府监造"；1981年于吉林扶余新城局出土的"利涉县印"印[104]，背款"正隆二年正月内少府监造"，侧款"利涉县印"；1992年于四川仪陇环山出土的"洮州同侯司记"印[105]，背款"正隆二年六月内少府监造"，侧款"洮州同侯司记"；以及四川仪陇环山所出均为正隆二年（公元1157年）内少府监造的"南川堡印"、"乾兴寨印"、"平安寨印"、"永柏寨印"等印，均其例。猛安、谋克既是女真人的军事组织，又是地方政权机构，是金代特有的兵民合一的基层政权组织。在世宗时期，猛安谋克制度达到了顶峰。据《金史·兵志》记载，在金世宗大定二十四年（公元1184年）全国共有猛安202个，谋克1878个。出土的许多猛安、谋克印，便是这方面的例证。如20世纪初于黑龙江五常出土的"熟伽泊猛安印"（图四六，4）印[106]，背款"正隆元年十月内少府监造"，侧款"熟伽泊猛安印"；1981年于吉林德惠梨树园子古城出土的"拽挞懒河猛安之印"印[107]，背款"正隆元年十一月内少府监造"；1973年于黑龙江嘉荫征集的"恤品河窝母艾谋克印"印[108]，背款"大定十年六月少府监造"，侧款"恤品河窝母艾谋克印，系重吉猛安下"；1977年于黑龙江依兰达连河出土的"哥扎宋哥屯谋克印"印[109]，背款"大定十年五月少府监造"，侧款"哥扎宋哥屯谋克印，系宋哥屯猛安下"；1957年于内蒙古哲里木盟奈曼出土的"多厖掘山谋克之印"印[110]，背款"大定十年闰五月少府监造"，侧款"多厖掘山谋克之印"；1987年于黑龙江北安城郊出土的"曷苏昆山谋克之印"印[111]，背款"大定十年七月少府监造"，侧款"曷苏昆山谋克之印，系蒲与猛安下"。

金代晚期，官印颁造渐趋混乱。当时，北有蒙古的步步南侵，南有南宋的北上讨伐，国内又有各族人民的起义，政治秩序处于一片混乱之中。金政权一方面大量任命军职官员，另一方面在许多军事要地设置行省，许其便宜行事。结果，官印的颁造也失去控制，除尚书礼部外，中央和地方的许多官府都可以颁造官印，以致造成官印粗制滥造的现象十分普遍。出土的金朝晚期官印，往往尺寸无定制，工艺粗糙，许多印系凿刻而成，钮端不刻"上"字的现象比比皆是，甚至还出现不刻背款的情况，如山西河曲出土的"万户之印"印。

金晚期的官印，背款除了"礼部造"外，还出现"行宫礼部造"。如 70 年代出土于山西河曲城关岱岳殿的"宣差规措所印"印[112]，背款"兴定四年正月行宫礼部造"，侧款"宣差规措所印"；1983 年于陕西安康金川出土的"宣字副统之印"印[113]，背款"正大四年九月行宫礼部造"。这是指自宣宗避蒙古兵南迁南京（今开封）后对当时尚书礼部的称呼，"兴定"为宣宗年号，"正大"为哀宗年号。此外，还有"行部"、"行六部"所造印。"行部"是"行六部"的简称，"行六部"是"行尚书省"的别称，简称"行省"，这是尚书省在各路的代行机构。最初是临时机构，后来演变为常设官府。例如 1972 年于河南密县平陌出土的"义军都统之印"印[114]，背款"天兴元年行部造"；1980 年于山东滕县龙泉禅寺塔附近出土的"元帅左监军印"印[115]，背款"山东行部造"；1977 年 11 月于黑龙江鸡东综合出土的"胡里改路之印"印[116]，背款"贞祐五年二月行六部造"，侧刻"胡里改路之印"；1988 年于山东茌平韩集出土的"都统所印"[117]，背款"□□四年十二月军前行六部造"，侧款"都统印"；1978 年于江苏灌云板浦水利工程中出土的"提控之印"印[118]，背款"丁亥年行尚书省造提控之印"；以及山西省博物馆征集的"□□节度使印"印[119]，背款"壬午年十月一日石州行尚书六部造"。

这个时期，还出现一些路、府、州各级地方官府及军事机构越权造印的情况，这在出土的官印中也有不少反映。例如

1983 年于河北易县方岗出土的"万户所印"印[120]，背款"贞祐五年中都路经略使司造"；1971 年于内蒙古乌兰察布盟凉城天成出土的"副统之印"印[121]，背款"贞祐四年四月日河东北运司造"；1977 年于辽宁阜新旧庙出土的"提控所印"印[122]，背款"开兴元年三月宣抚司造"，侧款"提控所印"；1959 年 6 月于黑龙江阿城白城出土的"勾当公事龙字号之印"印[123]，侧款"至宁元年八月初三日造，成平应办所，龙字号二"；1954 年于河北保定征集的"都元帅府之印"印[124]，背款"甲申年九月日规措所造"，还有同时征集的"兴中总管都元帅府印"，背款"乙酉年十一初一规措所造"。应办所、规措所均见于《金史·百官志》，其职司本与铸印无关。再如 1987 年于河南濮阳红星出土的"行元帅府经历司印"印[125]，背款"保垣州帅府造，元帅府经历司印"，侧款"壬辰年十二月"；1978 年于河南淮滨台头发现的"都统所印"印[126]，背款"天兴二年二月颍州总帅造"；1965 年于河北唐县出土的"都统所印"印[127]，背款"贞祐三年军师所造"，侧款"都统"，均是军事机构造印。此外，还出现"恒山公府"所造之印，例如 80 年代出土于河南宝丰城北的"都统所印"印[128]，背款"恒山公府天兴元年造，都统所印"；山西省博物馆于太原征藏的"经略使印"印[129]，背款"正大三年九月日恒山公府造，经略使"。"恒山公府"是金晚期所封的九公之一恒山武仙的公府，势力在九公中最大。九公各有封疆，设州立县，任命官吏，故有自造之印。金朝晚期官印颁造之滥，由此可见。

　　金朝末年，在其统治的腹地东北地区，曾短期存在过两个地方政权，均建国称帝，这就是耶律留哥建立的大辽国和蒲鲜万奴建立的东夏国，出土的金末官印也有所反映。

金崇庆元年（公元 1212 年）在东北地区爆发了以契丹人耶律留哥为首的民族大起义，据隆安（今吉林省农安县）、韩州，建大辽国，改元"天统"，耶律留哥及其余部所进行的反金斗争前后持续八年之久。大辽政权的官印迄今出土的仅五方，均为铜质。辽宁省丹东地区先后出土四方，即 1910 年于丹东九连城出土的"大辽尚书吏部之印"印，背款"天统三年四月日造，大辽尚书吏部印"；1973 年于宽甸红石砬子征集的"萌夺果大猛安合里太谋克印"印，侧款"天统三年四月日造，萌夺果猛安合里太毛克印"；凤城凤山出土的"克剌阿邻猛安所之印"印，侧款"天统三年四月日造，克剌阿邻猛安所之印"[130]；1988 年又于凤城边门出土"东京留守司委差羽字勾当印"印，背款"天统三年三月"[131]。从上述印文看，大辽国设有尚书六部以及仍然沿用金代女真族的猛安谋克制度，而且印文用千字文编号，说明所颁官印也为数不少。此外，背款年号均作"天统"，可订正《元史》作"元统"之误。另一方于 1984 年出土于黑龙江泰来，印文为"大辽行省委差勾当印"，背款"委差□"[132]。出土数量虽少，但对研究大辽政权很有帮助。

公元 1215 年金宣抚蒲鲜万奴据辽东，建大真国，改元"天泰"，次年改称"东夏"国，后迁据吉林东部和黑龙江部分地区，至公元 1233 年为蒙古所灭，史称东夏或后金。20 世纪以来在吉林、黑龙江以及辽宁陆续发现不少东夏铜官印，对研究东夏历史颇有参考价值。从出土的官印所见，有"天泰"和"大同"两个年号。前者例如 1919 年于黑龙江宁安出土的"不匋古阿邻谋克之印"印，背款"天泰六年"[133]；1954 年于吉林延吉城子山出土的"南京路勾当公事之印"印，背款"天泰三年六月日南京行部造"，侧款"南京路勾当公事印"[134]；1962年于吉林省吉林市征集的"兵马安抚使印"印，背款"南京行部，天泰五年四月二十八日造"，侧款"兵马安抚使印"；1977年于黑龙江依兰出土的"监造提控所印"印，背款"天泰四年六月造"，侧款"监造提控所印"；1984年于黑龙江牡丹江北郊出土的"古州之印"印，背款"天泰二年二月廿五日应办所造"，侧款"古州之印"[135]；1987年于吉林镇赉大屯出土的"行尚书六部印"印，背款"天泰二年七月廿七日造"[136]；1988年于吉林安图长兴出土的"定国公夫人印"印，背款"天泰二年四月十八日南京行部造"，侧款"定国公夫人印"[137]。后者例如1923年于吉林珲春出土的"德虎鲁府军政之印"印，背款"大同六年礼部造"；1931年于黑龙江东宁出土的"运州总押所印"印，背款"大同四年十月日礼部造"；1969年于吉林延吉出土的"总押所印"印，背款"大同十年七月礼部造"；1977年于黑龙江依兰出土的"会州广盈仓印"印，背款"大同四年九月日礼部造"，侧款"会州广盈仓"；1980年于吉林珲春出土的"尚书礼部之印"印，背款"大同二年八月日少府监造"，侧款"尚书礼部印"。从出土印文看，其官制一如金朝。

此外，金末农民起义军领袖刘永昌曾建立政权，年号"天赐"，这支起义军主要活动于天津、沧州、保定一带。1965年于河北丰南柏各庄出土"宝坻监判官印"铜印，边长5.6厘米，长方形钮，背款"天赐元年礼部造"[138]。天赐元年当公元1214年。1966年于河北满城中南韩出土"都统府印"铜印，边长7.3厘米，长方形钮，钮顶刻"上"字，背款"天赐二年正月，都统所印"[139]。1988年又于河北青龙朱丈子出土

"都统府弹押印"铜印，边长6.2厘米，背款"天赐二年，弹压"，长方形钮顶刻"上"字[140]。有"天赐"年号的铜印，其他地区也有出土，如1974年于内蒙古敖汉旗出土"万户之印"印，边长6.5厘米，背款"天赐二年五月"[141]；1976年于辽宁朝阳出土"都统府弹押印"印，边长6.3厘米，背款"天赐二年，弹压"[142]；1971年于辽宁阜新七家子出土"蒲阳县尉之印"印，边长5厘米，背款"天赐二年，蒲阳县尉印"，长方形钮顶刻"上"字[143]。刘永昌农民军政权的实物传世甚少，上述印章的出土，填补了这方面研究的空白。

金代私印出土很少。1973年于山西大同城西发掘金代道士阎德源墓，出土牛角印章五方，盛于一漆方盒中，其中除"德源"（图四七，1）为白文外，其余均作朱文，印文分别为"天长方丈老人"、"玉虚丈室老师"、"龙山道人"（图四七，2）、"青霞子记"[144]。据墓中出土的墓志记载，阎德源卒于大定己酉即金世宗大定二十九年（公元1189年）。这些印章可作为金代中期私印的标准品。从印文字体看，除了用标准的汉篆外，还使用宋代比较流行的"古文"字体，由此也可见宋代古文字学的影响。此外，50年代曾于吉林梨树偏脸城出土过四方私印，其中一方的印文，一半为汉文篆书"亲山"，一半为女真文（图四七，3），甚少见[145]。

金代的私印中，还有一些小型的花押印，印面呈方、圆或长方形，如上引吉林梨树偏脸城出土的另外几方。1973年在黑龙江绥滨中兴古城西北发现一处金代墓葬，于三号墓、四号墓各出土一方私印[146]，一为女真字花押铜印；一为石质，上一字为汉字"郎"，下一字为花押（图四七，4）。"郎"是女真人奚烈氏改的汉姓，见《金史·国语解》。虽然金代统治者曾三

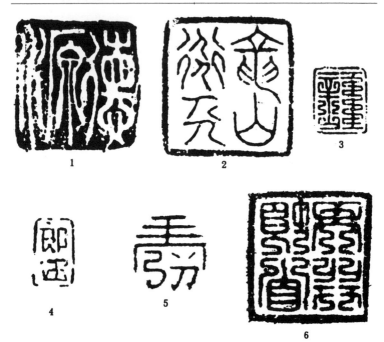

图四七 金代私印

1."德源" 2."龙山道人" 3."亲山"

4."郎" 5.花押印 6."顿首再拜"

令五申禁止女真人改汉姓、服汉服，但并未完全成功，出土的印文证实了女真人改汉姓的事实。同时，由此可见金代民间已开始流行花押印。1975 年于黑龙江克东金代蒲峪路故城出土的一方铜质花押印（图四七，5），印文用女真字[147]。

另外，北京大葆台金代建筑曾出土过一方金代石印，白文篆书"大块文章"[148]，刻工较精，章法讲究，虽然是闲章，从中也可以窥见金代私印的艺术情趣，与金代官印的九叠篆风格大相径庭。1987 年于河北盐山曾庄出土的金代"顿首再拜"（图四七，6）铜印[149]，则是专门用于书信往来的，与金官印的篆书风格较为接近。

注　释

[1] 郑绍宗《介绍几方宋、金、元的官印》，《文物》1973 年第 11 期。

[2] 朱子方《内蒙古大名城附近出土官印考释》，《考古》1957 年第 6 期。

[3] 同［1］。

[4] 同［1］。

[5] 同［1］。

[6] 余家栋等《江西新建县发现宋代官印》，《考古》1973 年第 5 期。

[7] 武家昌《辽宁近年出土、征集的宋辽金官印选辑》，《文物》1984 年第 9 期。

[8] 鲍翔麟《海盐出土宋朝军印初探》，《文物》1984 年第 9 期。

[9] 肖荣昌等《金堂县发现"长宁夷人指挥第三都朱记"铜印》，《文物》1980 年第 9 期。

[10] 项春松《内蒙古昭乌达盟发现的一批古印资料》，《文物》1983 年第 8 期。

[11] 张渊《陕西子洲县出土一枚北宋官印》，《文博》1988 年第 5 期。

[12] 刘震《河北遵化发现宋代军印》，《文物》1990 年第 9 期。

[13] 顾铁山《河北迁西县出土北宋官印》，《考古》1994 年第 8 期。

[14] 侯若冰《扶风出土一枚铜印》，《文博》1989 年第 4 期。

[15] 雷时忠《南宁出土宋代铜印》，《中国文物报》1991 年 8 月 11 日。

[16] 李逸友《内蒙古出土古代官印的新资料》，《文物》1961 年第 9 期。

[17] 傅天佑《介绍一方宋代官印》，《考古与文物》1989 年第 4 期。

[18] 刘兴《丹徒辛丰河出土的宋代指挥使朱记》，《文物》1966 年第 3 期。

[19] 陈敏《神勇神卫虎翼三方官印》，《中原文物》1998 年第 1 期。

[20] 同［8］。

[21] 刘东亚等《介绍几方宋、金、元代官印》，《中原文物》1984 年第 4 期。

[22] 蓝启辉《在废铜铁中发现宋代铜印》，《文物》1958 年第 2 期。

[23] 谢俭华《宋代新浦县的牌和印》，《文物天地》1997 年第 3 期。

[24] 瞿中溶《集古官印考》。

[25] 杨绍舜《山西石楼发现的三方官印》,《考古》1986 年第 2 期。

[26] 唐长寿《乐山出土北宋"秦州理元司记"印》,《文物》1987 年第 5 期。

[27] 王永平《仪陇出土宋、金铜印考》,《四川文物》1994 年第 5 期。

[28] 周九宜等《湖南江华发现北宋官印》,《考古》1994 年第 5 期。

[29] 赵人俊《杭州西湖发现宋金元铜质官印》,《文物》1959 年第 4 期。

[30] 前者见刘昌银《钟祥县发现南宋县尉印章》,《江汉考古》1990 年第 3 期;
后者见浙江省博物馆馆藏资料。

[31] 罗福颐《古玺印概论》第 81 页,文物出版社 1982 年版。

[32] 徐铁城《江苏丹阳出土"弋阳开国"铜印》,《文物》1986 年第 11 期。

[33] 陈星《南宋"兰溪开国"封爵印》,《中国文物报》1990 年 5 月 24 日。

[34] 徐伯元《常州发现北宋酒税务印》,《文物》1987 年第 6 期。

[35] 贾旭敏《介绍一方宋印》,《考古与文物》1987 年第 3 期。

[36] 刘建忠《河北康保县发现一枚北宋铜官印》,《文物》1995 年第 12 期。

[37] 同 [31]。

[38] 罗福颐《古玺印概论》第 82 页,文物出版社 1982 年版;王国维《观堂集林
·宋一贯合同印跋》,中华书局 1984 年版。

[39] 韩明祥《安徽省博物馆发现宋刘豫伪齐的铜官印一方》,《文物》1963 年第 5
期。

[40] 同 [27]。

[41] 金琦《南京太平门外王家湾发现宋墓》,《考古》1961 年第 2 期。

[42] 李绍连《宋苏适墓志及其他》,《文物》1973 年第 7 期。

[43] 《合肥东郊大兴集北宋包拯家族墓群发掘报告》,《文物资料丛刊》第 3 辑,
文物出版社 1980 年版。

[44] 苏州市文管会、苏州博物馆《苏州市瑞光寺塔发现一批五代、北宋文物》,
《文物》1979 年第 11 期。

[45] 合肥市文物管理处《合肥北宋马绍庭夫妻合葬墓》,《文物》1991 年第 3 期。

[46] 刘乾《宋代张方平铜印》,《文物》1962 年第 10 期。

[47] 广东省博物馆《广东潮州北宋刘景墓》,《考古》1963 年第 9 期。

[48] 高至喜《长沙东郊杨家山发现南宋墓》,《考古》1961 年第 3 期。

[49] 南京市博物馆《江浦黄悦岭南宋张同之夫妇墓》,《文物》1973 年第 4 期。

[50] 同 [31],第 82 页。

[51] 张中一《岳阳发现宋丞相忠定赵周王印》,《湖南考古辑刊》第 2 辑,岳麓书
社 1985 年版。

［52］阎万章《锦西西孤山出土契丹文墓志研究》，《考古学报》1957 年第 2 期。

［53］杨铁男《辽宁朝阳市发现一方辽代官印》，《考古》1999 年第 5 期。

［54］金毓黻《辽东文献征略》。

［55］同［7］。

［56］《吉林大学藏古玺印选》第 72 页，文物出版社 1987 年版。

［57］贲鹤龄《内蒙古库伦旗发现辽代灵安州城址》，《考古》1991 年第 6 期。

［58］董学增等《“中书门下之印”小考》，《文物》1984 年第 9 期。

［59］同［10］。

［60］同［10］。

［61］同［10］。

［62］同［10］。

［63］同［7］。

［64］刘新民《喀左县博物馆藏的古代铜印》，《辽宁省考古博物馆学会第二次年会论文集》（油印本）。

［65］同［10］。

［66］同［10］。

［67］冯永谦等《辽宁建昌普查中发现的重要文物》，《文物》1983 年第 9 期。

［68］《吉林永吉发现契丹文铜印》，《北方文物》1986 年第 2 期。

［69］李宇峰《辽宁盘山发现辽契丹大字铜印》，《考古》1990 年第 12 期。

［70］李宇峰《辽契丹大字铜印谁识》，《中国文物报》1989 年 11 月 17 日。

［71］同［67］。

［72］同［7］。

［73］同［31］，第 83 页。

［74］史树青《新疆文物调查随笔》，《文物》1960 年第 6 期。

［75］洲杰《内蒙古昭盟辽太祖陵调查散记》，《考古》1966 年第 5 期。

［76］同［10］。

［77］李遇春《两颗契丹文铜印》，《文物》1959 年第 3 期。

［78］罗福颐《西夏官印汇考》，宁夏人民出版社 1982 年版。

［79］同［78］。

［80］《宁夏社会科学》1982 年第 1 期。

［81］张秀生《宁夏同心县征集一方西夏官印》，《文物》1986 年第 11 期。

［82］李三《介绍三方西夏官印兼谈相关问题》，《文物》1990 年第 10 期。

［83］同［82］。

[84] 同 [82]。

[85] 陈炳应《一方很有特色的西夏官印》,《中国文物报》1990 年 1 月 11 日。

[86] 金毓黻《辽东文献征略·金石》。

[87] 黑龙江省文物考古工作队《黑龙江古代官印集》,黑龙江人民出版社 1981 年版。

[88] 同 [87]。

[89] 刘景文《吉林扶余县发现金代"利涉县印"》,《考古》1984 年第 11 期。

[90] 景爱《金代官印集》,文物出版社 1991 年版。以下本节凡不注明出处者,均引自该书。

[91] 同 [1];郑绍宗《河北古代官印集释》,《文物》1984 年第 9 期。

[92] 同 [31],第 84 页。

[93] 罗福颐主编《故宫博物院藏古玺印选》第 141、142 页,文物出版社 1982 年版。

[94] 陈述《跋黑龙江出土的"封全"铜印和另一"封全"印模》,《社会科学战线》1980 年第 2 期。

[95] 同 [87]。

[96] 同 [90]。

[97] 金官印分期参见景爱《金代官印综述》一文,载《金代官印集》附录,文物出版社 1991 年版。

[98]《吉林大学藏古玺印选》,文物出版社 1987 年版。

[99] 李锦山《山东枣庄市发现一方金代官印》,《考古》1988 年第 12 期。

[100] 同 [27]。

[101] 徐孝忠《安徽淮南发现金代"尚酝署印"》,《文物》1990 年第 7 期。

[102] 同 [87]。

[103] 李莲《九台县布海乡发现金代"韩州刺史之印"》,《文物》1958 年第 2 期。

[104] 同 [89]。

[105] 同 [27]。

[106] 同 [36]。

[107] 邹世魁《吉林德惠县出土金代官印》,《考古》1983 年第 8 期。

[108] 黑龙江省文物考古工作队《从出土文物看黑龙江地区的金代社会》,《文物》1977 年第 4 期。

[109] 同 [87]。

[110] 同 [16]。

[111] 赵景文《黑龙江北安市出土"曷苏昆山谋克之印"》,《文物》1993 年第 12 期。

[112] 马福善《山西河曲出土四方金代官印》,《文物》1988 年第 5 期。

[113] 李启良等《安康县出土金代铜质官印》,《考古与文物》1984 年第 1 期。

[114] 魏殿臣《密县发现金代官印》,《中原文物》1984 年第 1 期。

[115] 万树瀛《山东滕县出土金代官印和铁权》,《考古》1984 年第 8 期。

[116] 同〔87〕。

[117] 马允华《山东荏平县出土金代官印》,《文物》1990 年第 1 期。

[118] 尤振尧《江苏灌云板浦出土"提控之印"》,《考古》1988 年第 2 期。

[119] 李勇《金元时期的五方官印集释》,《文物季刊》1990 年第 1 期。

[120] 刘铁军《易县征集的金代铜印》,《文物》1984 年第 5 期。

[121] 盖山林《内蒙古乌盟南部发现的青铜器和铜印》,《考古》1986 年第 2 期。

[122] 赵振生等《辽宁阜新市出土四方金代官印》,《考古》1994 年第 4 期。

[123] 同〔87〕。

[124] 郑绍宗《河北古代官印集释》,《文物》1984 年第 9 期。

[125] 张相梅《河南濮阳发现三方金代官印》,《考古》1990 年第 1 期。

[126] 花原《河南淮滨县出土"都统所印"和"霍丘等处义兵千户之印"》,《文物》1993 年第 12 期。

[127] 同〔1〕。

[128] 邓城宝《介绍两方金代"都统"铜印》,《文物》1988 年第 4 期。

[129] 祁慧芬《山西省博物馆收藏的金代铜官印》,《文物》1994 年第 11 期。

[130] 许玉材《丹东地区发现金末耶律留哥大辽政权铜印》,《文物》1985 年第 5 期。

[131]《中国文物报》1988 年 5 月 27 日,第二版图片说明(李仁等)。

[132] 同〔87〕。

[133]《东夏的官印和铜镜》,《社会科学战线》1980 年第 2 期。

[134] 张英《东夏国纪年》,《博物馆研究》1986 年第 1 期。

[135] 樊万象《"古州之印"与地望》,《北方文物》1985 年第 3 期。

[136] 李景冰《吉林省镇赉县出土东夏官印》,《考古》1993 年第 7 期。

[137] 林润武《一方东夏国的铜印》,《中国文物报》1990 年 8 月 3 日。

[138] 同〔91〕。

[139] 同〔91〕。

[140] 邸和顺等《介绍一方金代"都统府弹压印"》,《文物》1990 年第 5 期。

［141］同［90］。

［142］同［90］。

［143］同［122］。

［144］大同市博物馆《大同金代阎德源墓发掘简报》，《文物》1978 年第 4 期。

［145］吉林省文物管理委员会《吉林梨树县偏脸城址调查记》，《考古通讯》1958
年第 3 期。

［146］黑龙江省文物考古工作队《黑龙江畔绥滨中兴古城和金代墓群》，《文物》
1977 年第 4 期。

［147］黑龙江省文物考古研究所《黑龙江克东县金代蒲峪路故城发掘》，《考古》
1987 年第 2 期。

［148］北京市文物工作队《北京大葆台金代遗址发掘简报》，《考古》1990 年第 5
期。

［149］李超峰《河北盐山发现金代铜印》，《文物》1988 年第 10 期。

十　元代印和明、清官印

（一）元代印

公元 1279 年，元世祖忽必烈灭掉南宋，入主中原，统一中国。元朝政府是以蒙古贵族为首的包括其他民族上层人物的封建政权。为了加强其在政治、文化上的统治，早在灭宋以前，忽必烈就命国师吐蕃（今西藏）人八思巴根据藏文创制"蒙古新字"（后改称"蒙古字"），即"八思巴文"，于至元六年（公元 1269 年）正式颁行，主要应用于官方文件和官印中。至元八年忽必烈明令"省部台诸印信并所发铺焉劄子并用蒙古字"。因此，先后出现在元官印上的文字有两种，一种用汉字篆书，另一种用八思巴文篆体。但是，两种文字印章的印背却都用汉字楷书刻款。

元朝官印都统一由中书礼部的铸印局铸造，据《元典章·礼部·印章》记载，其质地、形式均有一定的制度，印章大小与官阶成正比，其材质诸王用金印，正一品至正三品用银印，从三品以下均用铜印。出土元官印实物与典籍记载比较接近。元官印的钮常见为扁长方形杙钮，略高于宋、金官印。其印文篆体呈极典型的九叠篆，边框明显加宽。

元代汉字官印主要流行于八思巴文颁行之前，即元代早期。目前所见年代最早的实物是 1978 年于黑龙江宝清十八里出土的"管民千户之印"印，印面边长7厘米，背款"塔察国王发，甲寅年六月日造"[1]。塔察国是元初分封的诸王国之一，甲寅年即宪宗四年（公元1254年）。其次是1973年于山东阳谷徐集出土的"东平路宣抚司奏差黄字号印"（图四八，1）印，印面边长5.1厘米，背款"奏差黄字号"，侧刻"东平路宣抚司，中统元年七月日造"[2]。中统元年即公元1260年，"中统"是元世祖忽必烈在北京建大都后的第一个年号。"宣抚司"本金职官，金代宣抚司多依战争需要而设置，金宣宗贞祐四年（公元1216年）悉罢，更置"经略司"。"奏差"是当时有关衙署承办胥吏，无品级。从此印看，元初官印较多地承袭了金代制度。有"中统"年款的汉字官印尚有陕西西安出土的"京兆录事司印"印，背款"安抚使□□，中统年八月日"，印面5.4厘米见方[3]；1989年于山东济宁第一印刷厂基建工地发现的"管领燕京北京路打捕官之印"印，印面边长6.2厘米，侧刻"中统二年正月日，行中书省造"[4]。1953年于内蒙古凉城出土的"常乐蘸印"印，背款"常乐站印，中书礼部造，至元五年十月日"[5]，以及80年代陕西凤翔县博物馆征集的"凤鸣驿蘸之印"印，背款"行中书省发，至元四年十月日。监造官王斌，铸印匠武诠"[6]，也是八思巴文颁行之前的印。蘸、站二字相通，元代为了"通达边情，宣布号令"，加强对全国的统一而于各地设置驿站和狗站，由通政院及中书兵部管辖。

至元六年八思巴文颁行后，汉字官印渐少，但并没有完全绝迹，这在出土的元官印中有所反映。例如50年代于内蒙古昭乌达盟（今赤峰市）宁城辽中京大名城遗址出土的"武平县尉司印"印，背款"武平县尉司印，尚书礼部，至元七年六月日"[7]，已在八思巴文颁行后的次年。传世印亦有之，例如罗振玉《隋唐以来官印集存》著录的"南丰县尉之印"、"白水寨巡检印"印，背款均为"至元十三年"，已在八思巴文颁行之后第七年；另一方"行军元字号印"印，背款"天顺三年"，更是迟至元代中期了。

此外，元代汉字官印中有的背款是以生肖属性纪年，例如1984年于黑龙江巴彦临城出土的"副统之印"印，背款"猪儿年八月日□造"[8]；《隋唐以来官印集存》著录的"行军万户所印"，背款"猪儿年十月造"。这种纪年法多见于元代碑刻，元官印中比较少见，大概是元代的一种习俗[9]。

八思巴文官印出土数量较多，各地都有发现，曾有学者作过专门辑录[10]。目前所见背款年代最早的八思巴文官印，是故宫博物院收藏的一方"□□□印"印[11]，背款右侧汉字楷书印文名已残泐，左侧"中书礼部造，至元九年八月日"。故宫博物院收藏的另一方"上都路管办皮货官印"印，铸于至元十一年（公元1274年）五月[12]；1955年于浙江杭州疏浚西湖时出土"管军千户印"印，背款"管军千户印，至元十四年五月日中书礼部造"[13]；1979年于湖北荆门城区白庙发现"峡州路总管府经理司印"印，背款"峡州路总管府经理司印，中书礼部造，至元十四年五月日"[14]；1973年于辽宁铁岭熔炼厂拣选"烧炼水银千户印"印，背款"烧炼水银千户印，中书礼部造，至元十五年十一月日"[15]；1977年于黑龙江阿城县白城出土"管水达达民户达鲁花赤之印"（图四八，2）印，背款"管水达达民户达鲁花赤之印，至元十五年十二月日中书礼部造"[16]，都是年代较早的印。"达鲁花赤"是蒙古语，汉译作镇压者、制裁者之意，转而为总辖官之意。元朝行省以上

图四八　元代官印

1."东平路宣抚司奏差黄字号印"　2."管水达达民户达鲁花赤之印"

3."江西等处行中书省烧钞库印"　4."白兰王印"

官吏多由蒙古及色目人担任，多数行政机关及省以下所设路、府、州、县官吏可用汉人，但均设"达鲁花赤"一职，常由蒙古或色目人担任，起监临、总辖之作用。需要指出的是，1974

年于陕西岐山益店宋村学校出土"扶风务之印"印，背款"扶风务印，中书礼部造，至元四年十月日"。八思巴文的正式颁行是在至元六年，此印背款作"至元四年"，可见此印当系元惠宗至元四年（公元 1338 年）所造[17]，而不是早期之印。另外，传世有"大宝法王"玉印，无年款，印文用八思巴文楷体，据照那斯图考证，这是忽必烈于至元六年授予国师八思巴的玉印[18]。如果考证确凿的话，这应该是最早使用八思巴文的元官印。

中国自宋代开始通行纸币，元代于中统元年（公元 1260 年）印发"交钞"及"中统元宝钞"，至元二十四年（公元 1287 年）为了整顿财政金融又发行"至元宝钞"纸币，出土的元官印中有与这方面内容相关的印。例如 1965 年在北京明代北城墙的夯土中发现一方"提举诸路通行宝钞印"印，无背款，印面边长为 7.6 厘米，印文用八思巴文篆体[19]。"诸路宝钞提举司"属户部，见《元史·百官志》，职掌交钞事务。由于纸币在流通过程中容易磨损变烂，字迹模糊，因此政府在纸币于市面流通一段时间后需要回收注销。浙江省博物馆收藏有三方"昏烂钞印"铜印，就是专门用来注销旧纸币的。这三方印系 1955 年于杭州疏浚西湖时先后出土，共出四方（一方已调中国历史博物馆），印面均作长条形，有大小两种规格，大者长 15.5 厘米，宽 5 厘米，小者长 9 厘米，宽 4.2 厘米，背款均为"江东道宣慰使司，至元二十五年三月日造"[20]。据清人傅春官《金陵历代建置表》记载，"江东道宣慰使置司建康"，即今南京，管辖江东诸路。应当指出的是，这四方印的印文"昏烂钞印"均作汉字隶书并略带楷意，这在出土的元官印中是绝无仅有的。此外，这四方印均铸于至元二十五年（公元

1288）三月，很可能与至元二十四年（公元 1287 年）整顿财政金融、发行"至元钞"有关[21]。至于 1983 年于江西九江出土的"江西等处行中书省烧钞库印"（图四八，3）印，背款"中书礼部造，至元卅年七月日"[22]，则是专门管理销毁回收旧纸币的机构之印。

元官印除了铜质外，尚有金、银、玉、铁质的。如西藏自治区文管会收藏的"白兰王印"（图四八，4），金质，驼钮，印面边长 11.3 厘米。这方金印是元泰定帝也孙铁木耳赐给琐南藏卜的，琐南藏卜系八思巴侄孙，封白兰王，赐金印[23]。《隋唐以来官印集存》著录的"皇帝之宝"印，玉质，印面边长 12.5 厘米，印面左边刻八思巴文"皇帝"二字，右边为汉字"之宝"二字，中行是梵文，意为吉祥、隆盛，清以前皇帝宝玺印痕，除秦"皇帝信玺"封泥外，可见者就是这一方元"皇帝之宝"印文了，惜今已佚[24]。西藏自治区文管会收藏的"大元帝师统领诸国僧尼中兴释教之印"印，也是玉质，双龙盘钮，印面边长 9.5 厘米。这方玉印是元成宗铁穆耳于元贞元年（公元 1295 年）赐给帝师策喇实巴鄂尔加勒的[25]。前引的"大宝法王"印，也是玉质。1981 年于陕西洛南出土的"蒙古军都元帅府之印"印，背款"蒙古军都元帅府之印，元贞元年六月日，中书礼部造"，系银质[26]。1983 年于湖南澧县二中出土的"管军上百户之印"印，背款"大德元年八月，中书礼部造"，则为铁质[27]，并不多见。

公元 1368 年，朱元璋推翻元朝，元顺帝退出大都（今北京市），残余势力北撤奔和林，又延续了一段时间，史称"北元"。出土和传世的元官印中，有少量北元遗物。例如 1983 年于内蒙古阿拉善盟额济纳旗达赖湖波的黑城遗址出土"永昌等处行枢密院断事官府印"印，背款"天元元年二月日礼部造"[28]。故宫博物院藏有"太尉之印"印，背款"太尉之印，宣光元年十一月日，中书礼部造"；"甘肃省左右司之印"印，背款"甘肃省左右司之印，天元五年六月日，中书礼部造"[29]。甘肃省博物馆也藏有"中书右司都事厅印"印，背款"宣光二年五月日，中书礼部造"[30]。上述印文均为八思巴文。"宣光"、"天元"均是元后裔奔和林后之年号，《明史·鞑靼传》记元顺帝以后史事较详，而对北元之宣光与天元年号则无记载，《新元史》有之，北元官印的发现不仅可补史乘之缺，它也是研究北元历史十分宝贵的实物资料[31]。

元代私印发现不多，也有汉字和八思巴文两类。1989年于浙江杭州市西郊老东岳北发现元代著名书法家鲜于枢之墓，出土"鲜于枢伯几父"（图四九，1）、"白几印章"（图四九，2）两方铜印，印文与传世的鲜于枢钤在唐、宋书法作品上的印文完全相同[32]。1978年于湖南临澧龙岗窖藏出土"董寿"银印，还带有银印盒，印文则为八思巴文（图四九，3）[33]。传世有"帖木儿不花记"印[34]，印文作汉字朱文九叠篆，明显是受到当时官印风格的影响。据《元史》记载，帖木儿不花为元世祖孙，顺帝北奔，监国死节。这种形式的元私印比较罕见。

元代私印比较流行押印，使用十分普遍，后人习称"元押"。押印又称花押，始于宋，是花书姓名，多以行草书随意写之，刻印为押，本意不使人摹仿伪造。元押常见长方形二字押，上刻楷书姓，下刻花押，或杂以八思巴文，或全用八思巴文，也有方形或其他形状的，各地偶有出土。另外，1983年和1984年，于内蒙古阿拉善盟额济纳旗达赖湖波两次发掘黑

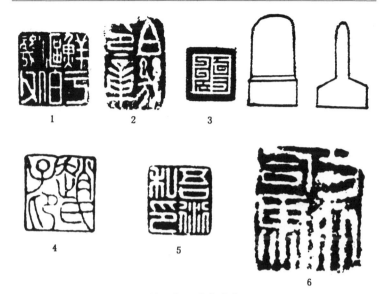

图四九 元代私印

1."鲜于枢伯几父" 2."白几印章" 3."董寿"银印及印盒
4."赵氏子昂" 5."吾衍私印" 6."方外司马"

城遗址，在元代地层中出土一些木印[35]，正面雕刻图案，有
叶脉纹、几何纹等，还有的在主体花纹下方雕一"卍"字符
号。这类木印是否用作私印，尚有待进一步研究。

元私印中的文人印，艺术性较强，而文人印又以赵孟頫、
吾丘衍、王冕为最。赵孟頫（公元 1254～1322 年），工书擅
画，他所用的印均亲自书篆，纯用小篆，朱文细笔圆转，姿态
柔美，世称"圆朱文"，如"赵"、"赵氏子昂"（图四九，4）
印，是其代表作。吾丘衍（公元 1272～1311 年），好古博学，
所著《学古编》，其中主要部分《三十五举》，是我国最早出现
的印学理论专著，对当时的印学发展和印章风格具有很大影

响。他篆写的印文如"布衣道士"、"吾衍私印"(图四九,5),颇得汉印神髓。王冕(?～1359年)首创以花乳石刻印,将传统的书篆与奏刀合二为一,开创了文人篆刻的艺术创作新天地,其所刻印,例如"王冕私印"、"方外司马"(图四九,6)等,仿汉铸凿并工,胜过前人[36]。元代文人印的兴起,对促进明清篆刻艺术的繁荣,有着极其重要的意义。

(二) 明代官印

明代的官印统一由礼部铸印局铸造,对官印的尺寸、质地、钮制甚至印文书体都有明文规定。

1956年于北京十三陵发掘明定陵,在神宗朱翊钧墓内出土了三方龙钮木质印[37],印面均为13厘米见方。据印文,这是专为神宗及其皇后殉葬所用的谥宝,故用木质替代,而不用玉制。1970年于山东邹县朱檀墓出土"鲁王之宝"龟钮木印[38],印面10.5厘米见方;1970年于四川成都凤凰山明初蜀王世子朱悦爆墓出土"蜀悼庄世子宝"龟钮木印[39],印面边长10.8厘米,也都是殉葬用印。上述印文均用小篆体。这些印章的出土,对研究同类实用印的形制具有重要的参考价值。

明代武臣受重寄者,征西、镇朔、平蛮诸将军,均用虎钮银印。洪武中,曾以上公佩将军印,后以公、侯、伯及都督充总兵官,名曰"挂印将军",有事征伐,则命总兵佩印以往,旋师则上所佩印于朝廷[40]。1964年于江苏南京市区玉带河底出土"荡寇将军印"(图五〇,1)虎钮银印,印面边长10.4厘米,印文为柳叶篆,背款"崇祯拾陆年拾月日礼部造",侧刻"崇字捌佰柒拾号"[41],即是这类将军印的标准品。

出土的明官印，绝大多数为铜质、杙钮印。钮呈下大上小的椭圆柱状，钮高几达宋、金印钮的两倍。印文用九叠篆。形制除了方形外，还有长方形及长条形两种。长方形官印称"关防"，这是明代特有的官印称谓，史载朱元璋为防各级使用预印空白公文，用半印勘合，于是演变为长方形关防。《明史·舆服志》："其他文武大臣，有领敕而权重者，或给以铜关防"。据《职官志》，"总制、总督、巡抚并镇守、公差官，铜关防，直钮，阔一寸九分五厘，长二寸九分，厚三分，九叠篆文"。出土的铜关防，形制与之相符。长条形印俗称"条记"，因其印文最末一字均作"记"，故称。一般印面尺寸为长 8 厘米，宽 4 厘米。条记印是明代从九品以下未入流之小官吏所用之印。此外，明官印都有背款，一般是印背右侧刻印文，左侧刻铸造时间和铸造机构，侧刻印章编号。

明代官印各地时有出土报道，例如 1956 年于河南新乡秀才庄出土"宁山卫前千户所百户印"印，背款"宁山卫前千户所百户印，礼部，洪武十三年五月造"，侧刻"田字六十二号"[42]；1963 年于辽宁铁岭出土"辽海卫中千户所百户印"印，背刻"辽海卫中千户所百户印，礼部造，洪武二十三年二月"，侧刻"海字二十六号"[43]；1969 年于内蒙古昭乌达盟（今赤峰市）宁城辽中京城址出土"大宁中卫中千户所百户之印"印，背款"大宁中卫中千户所百户之印，洪武二十年三月日礼部造"，侧刻"大字二十四号"；1975 年又于同地出土"营州右屯卫中千户所百户印"、"营州左护卫左千户所百户印"印，背款右侧如印文，左侧分别为"洪武二十四年五月日礼部造"、"洪武二十八年五月日礼部造"[44]；1976 年于广西桂平蒙圩出土"浔州卫中千户所百户印"印，背款"浔州卫中千户所百户印，礼部造，洪武二十九年四月日"[45]；1979 年于江西大余张屋坪出土"南安守御千户所百户印"印，背款"南安守御千户所百户印，礼部造，洪武二十二年十一月日"，侧刻"宋字一百三号"[46]；1984 年于湖北利川南坪出土"施州卫中千户所百户印"印，背款"施州卫中千户所百户印，礼部造，洪武二十三年闰四月造"，侧刻"位字二十三号"[47]。千户所、百户所是明廷派驻各个要地的武备机构，由卫所领辖。卫所制度建于明初，据《明史·兵志》："明以武功定天下，革元旧制，自京师达于郡县，皆立卫所。外统之都司，内统于五军都督府。"大率五千六百人为卫，一千一百二十人为千户所，一百一十二人为百户所。所设总旗二、小旗十，大小联比以成军。上述各地出土的百户所印，正是明代卫所制度的写照。"卫"一级的官印，也有发现。如 1957 年于内蒙古乌兰浩特市北发现的"木答里山卫指挥使司印"印，背款"木答里山卫指挥使司印，礼部造，永乐四年十月日"，侧刻"慈字五十五号"[48]；1974 年于吉林洮安七官营子出土"禾屯吉卫指挥使司印"（图五〇，2）印，背款"禾屯吉卫指挥司印，永乐七年九月日礼部造"，侧刻"礼字四十三号"[49]；70 年代又于吉林洮南出土"塔山左卫之印"印，背款"礼部造，正统十二年"[50]。上述三处卫所均隶属"奴儿干都司"，这几方印章实物，是明代中国政府对东北边疆地区实行有效管理的历史见证物。1992 年于云南昆明市中心的五华山出土"太平府印"印，背款"太平府印，礼部造，万历四十三年九月日"，侧刻"万字四千七百一十四号"。同出还有"宾州之印"印，背款"宾州之印，礼部造，崇祯八年月日"，侧刻"崇字二千六十五号"。这是两方明代的州、府印，为永历帝西逃时所藏[51]。

　　明代中央政府为加强对少数民族地区的控制和管理，发给当地土司官印，这在出土的明官印中也有反映。例如1959年于湖北鄂西土家族苗族自治州咸丰大峁寨出土"金峒安抚司

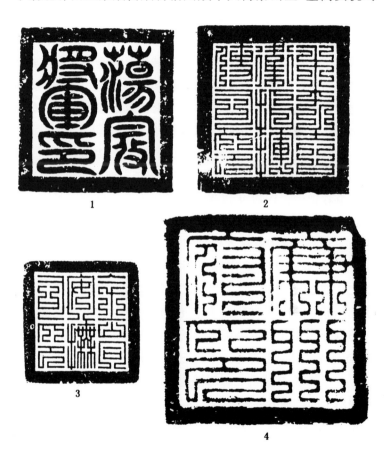

图五〇　明代官印

1."荡寇将军印"　　2."禾屯吉卫指挥使司印"

3."金峒安抚司印"　　4."廉州府印"

印"（图五〇，3）印，背款"金峒安抚司印，礼部造，永乐五年四月日"，侧刻"节字四十六号"。同出有一铜质印盒，仅残存底部，上刻"监造合目，知印长官覃胜廉；冠带大头目谭亮，工作林凤朝造"[52]。1973年又于咸丰活龙坪出土"唐崖长官司秦关方（防）"印，印背上方刻一"上"字，同出有一素面铜印盒[53]。金峒安抚司，地属咸丰县黄金峒区，其地现仍称金峒司处。唐崖长官司，地属咸丰县尖山区，出土印章的活龙坪据记载是其副司地，印文"秦"应是该处土司首领的姓。可证这两方官印均是明朝廷颁发给鄂西土司首领的。

甲申之变，福王朱由崧于南京建号称帝，是为南明始，历弘光、隆武、永历诸朝，前后维持四十年。南明政权的官印见于著录者极少，1949年以来，浙江省先后在临海、长兴、宁波、余姚、绍兴、嘉善、上虞等地出土了一些南明官印，大部分均未发表，近年有学者作过汇释[54]。此外，江西奉新及靖安[55]、贵州道真[56]、广西玉林[57]、湖南澧县[58]、广东肇庆[59]、四川芦山[60]、云南昆明[61]等地也有发现。据不完全统计，出土的南明官印已多达80方。其中比较重要的，如1963年于浙江长兴谭家桥出土的"靖虏将军之印"印，背款"靖虏将军之印，礼部造，永历三年二月日"，侧刻"礼字六百二十五号"，系郑成功之叔郑鸿逵所佩印；1979年于贵州道真青坪出土的"规秦将军之印"印，印背作三层台，背款"永历二年十一月奉圣旨，礼部造，以铜代银。规秦将军之印，永字第一千一百三十九号"；1979年于广西玉林金鸡坪出土的"平东将军之印"印，印背作三层台，背款"平东将军印，永历六年礼部造，永字四千三百第九号"；1989年广西横县郁江出土的"援江将军之印"印，印背也作三层台，背款"援江将军之

印，永历三年八月日礼部造，永字一千四十九号"。这四方将
军印均为铜质虎钮。再如 1951 年于浙江临海出土的"督理台
温钱粮兵马兼㳂（海）防三关吏部院关防"印，侧刻"鲁监
国元年三月日造，礼字八百五十号"；1982 年于浙江余姚迴龙
发现的"㳂（海）宁县印"印，侧刻"弘光元年十一月日造，
礼字乙百八十七号"；1983 年于广西柳州浮桥头出土的"廉州
府印"（图五○，4）印，背款"廉州府印，永历□□柒拾□"；
1962 年于广西宁明那堪迁隆出土的"迁隆州印"印，背款
"迁隆州印，永历二年三月日礼部造，永字七百二十号"，均是
地方政权之印。

　　1992 年 4 月，于云南昆明市区中心的五华山西南坡建筑
工地的施工中，出土了 52 方南明官印，据现场观察，当是有
意藏埋。五华山曾是南明政权的所在地，1907 年（清光绪三
十三年）于此山南坡出土过永历玉玺"敕命之宝"一方[62]。
因此这批南明官印当是永历帝西逃时所藏。这批官印印面有正
方形和长方形两种，印名有"印"、"记"、"条记"、"关防"四
种。其印文中职官和机构有监察御史、府、州、县、宣慰司、
宣抚司、同知、经历司、审理所、理刑厅、儒学、驿、副将、
将军、总兵、千户所、游击、守备、旗鼓官等，所涉职官除少
数为南明始设外，大多承明制。印文有刻有铸，背款均为永历
年号[63]。这是明代官印最重要的一次集中发现。

　　有关南明政权的实物并不多见。这 80 方出土的南明官印
内容，包括了弘光、隆武、永历、鲁建国各朝以及郑氏政权。
有些印文还涉及南明史上的重要人物及事件，弥足珍贵。其印
制规格一如明制，也可以佐证《明史·职官制》的记载。这对
研究南明历史，是一份十分难得的宝贵史料。

（三）清代官印

满清入关定都北京后，官制在沿用明代制度的基础上又作了进一步的改革，对官印的铸造和管理远比历代严格。

据《清史稿》和《大清会典》记载，官印统一由礼部铸印局铸造，每铸一印，须先由吏部、兵部具题印文并通告礼部，礼部再据文奏请皇帝批准，然后再由钦天监择日着铸印局开炉铸造。印章铸成，还须送内阁经复核无误后再颁发，而且每印之大小厚薄、成分重量以及颁发日期都要详细记录注册存档。手续极其复杂。

清官印的最大特点是印文用满、汉文对照。汉文用篆书，书体有玉箸篆、殳篆、柳叶篆、悬针篆、垂露篆、九叠篆等，形式多样。满文有楷、篆两种，在乾隆以前，满文用楷书，至乾隆十三年（公元1748年）开始用满文篆书入印，至同治初年，因国内战争频繁，官印多有遗失，于是又在满汉文篆书中间加一行满文楷书[64]。故宫博物院收藏的"大清嗣天子宝"（图五一，1）、"和硕怡亲王宝"、"太医院印"（图五一，2）及"合水县印"等印[65]，就是这方面的典型例子。据边款，合水县印铸于同治元年（公元1862年）十一月。

清朝政府颁给蒙、藏两个民族首领的印，都是在满、汉文中间或一边加刻蒙文或藏文。例如西藏自治区文管会收藏的顺治十年（公元1653年）颁给达赖喇嘛的金印、康熙年间颁给班禅额尔德尼的金印[66]，印面边长10.8厘米，如意钮。印文分别为"西天大善自在佛所领天下释教普通瓦赤拉呾喇达赖喇嘛之印"、"敕封班臣额尔德尼之印"（图五一，3），前者藏文在印文中间，后者藏文在印文一侧。这两方金印虽然是清政府颁发给上层喇嘛的印信，但也同样具有官印的权威作用。再如新疆维吾尔自治区博物馆收藏有八方银印，是乾隆十四年（公元1749年）清政府颁给旧土尔扈特部以及和硕特部的官印，印皆为方形，印面边长10.6厘米，虎钮。印文用满、蒙文，译成汉文分别为："乌讷恩苏珠克图旧土尔扈特部卓里克图汗之印"、"乌讷恩苏珠克图旧土尔扈特北部盟长之印"、"乌讷恩苏珠克图旧土尔扈特南部盟长之印"、"管理旧土尔扈特部南右旗札萨克之印"、"管理旧土尔扈特部南左旗札萨克之印"、"管理旧土尔扈特部南中旗札萨克之印"（图五一，4）、"管理旧土尔扈特部东左旗札萨克之印"、"管理和硕特部左旗札萨克之印"[67]。1996年于新疆伊犁发现了两方与之相关的银印，印文用满、蒙文，译成汉文是："乌讷恩苏珠克图旧土尔扈特部西部盟长之印"、"管理旧土尔扈特部西旗札萨克之印"，均为虎钮，印面边长10.6厘米[68]。这些官印证实了公元1770年土尔扈特部蒙古族人因不堪沙俄的压迫，由伏尔加河流域举族迁徙回归祖国，受到清政府安抚的历史。此外，1982年又于新疆巴音郭楞和硕发现"和硕特蒙古札萨克印"、"管理和硕特部中旗札萨克之印"银印，印文也是用满、蒙文，据边款，铸于乾隆四十年（公元1775年）九月[69]。

　　清代官印各地也时有发现，如1973年于内蒙古昭乌达盟（今赤峰市）巴林出土"镶红旗汉军五甲喇四佐领图记"印，印文用满、汉文，背款"乾隆十五年二月日礼部造，乾字三千二百七十三号"[70]；1968年于黑龙江哈尔滨征集到六方八旗军印，三方印文分别为"黑龙江正黄旗满洲第二佐领图记"、"黑龙江镶白旗满洲第一佐领图记"、"黑龙江正黄旗索伦第三

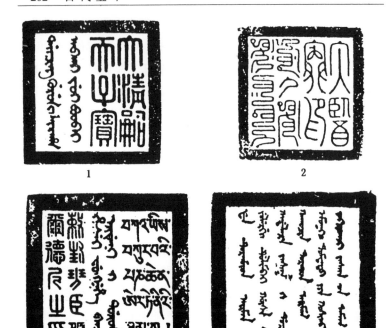

图五一　清代官印（一）

1.“大清嗣天子宝”　　2.“太医院印”　　3.“敕封班臣额尔德尼之印”
4.“管理旧土尔扈特部南中旗札萨克之印”

佐领图记”，均是乾隆三十二年（公元 1767 年）十一月由礼部
铸造，印文用满文篆书，背款用满、汉两种文字；另外三方均
是光绪十年（公元 1884 年）由礼部铸造，印文分别为“鄂伦
春正白旗第一佐领图记”、“鄂伦春正黄旗第二佐领图记”、“鄂
伦春镶白旗第一佐领图记”[71]；1972 年于黑龙江嘉荫征集的
“鄂伦春正红旗第一佐领图记”印，也是光绪十年由礼部铸造

的[72]。除第一方印的边长为 5.7 厘米外，其余均为 5.5 厘米。八旗是清代"兵民一体"的社会基层组织，努尔哈赤时期就建立起来了，进关后依然是清政府的基层单位和军事组织。上述官印正是清代八旗制度的具体实物。

各地发现的清代官印，还有 1981 年于湖南湘西永顺老司城出土的"永顺等处军民宣慰使司印"印，背款"永顺等处军民宣慰使司印，礼部造，康熙十九年二月日，康字五千二百十六号"，是清廷颁给永顺土家族彭氏土司之印[73]。再如 1964 年于江苏金坛出土的"江涨税课分司大使之印"印，背款"江涨税课分司大使之印，礼部造"，侧刻"同治三年十二月日，同字三百三十七号"[74]；1987 年于四川金县发现的"沃日安抚司印"印，背款"沃日安抚司印，礼部造"，侧刻"乾隆十九年十二月，乾字第一万一千八百八号"[75]；安徽蚌埠市博物馆征集的"江南长江水师提督之印"印，背款"江南长江水师提督之印，礼部造"，侧刻"同字七号，同治三年九月日"[76]；陕西绥德博物馆收藏的"延绥高家营游击关防"印，背款"顺治二年七月日礼部造，顺字壹千玖百拾壹号"、"陕西安边堡都司金书之关防"印，背款"乾隆十五年五月日，乾字三千八百八十号"[77]；1985 年于黑龙江双城水暖器材厂发现的"吉林府儒学印"印，背款"光绪九年五月日礼部造，光字八百二十号"[78]；五十年代初于江西庐山征集的"绩溪县儒学记"印，背款"绩溪县儒学记，礼部"，侧刻"乾隆十六年五月，乾字六千四百六十号"[79]；1988 年于湖北房县狮子岩发现的"前营参将关防"印[80]等等。

个别清官印的形式比较特殊，例如 1988 年江西宁都县博物馆征集到一方木质官印，为两面印，印面呈圆形，尚属孤例，印文为"南赣镇标永镇营"、"赣标宁都巡警军"（图五二，1、2），印文用汉字楷书[81]。有些印文文字也不合常规，如河南省文物商店收藏有两方象牙印，印文分别为"东三省邮界邮政司之印"（图五二，3）、"福建邮界邮务长印"（图五二，4），是清末大清邮政所所属东北地区和福建地区邮政机构及最高负责人之印[82]，印文用中、英文而不用满文。再如吉林省博物

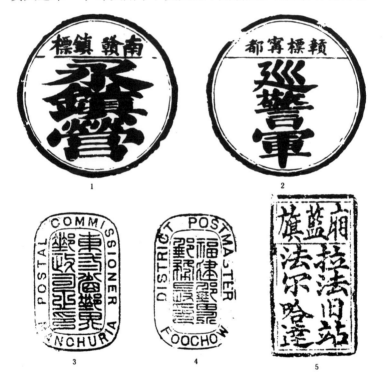

图五二　清代官印（二）

1. "南赣镇标永镇营"　2. "赣标宁都巡警军"　3. "东三省邮界邮政司之印"
4. "福建邮界邮务长印"　5. "厢蓝旗拉法旧站法尔哈达"

馆于吉林省蛟河县拉法镇征集到的"厢蓝旗拉法旧站法尔哈
达"（图五二，5）木印，"法尔哈达"是满语，"拉法旧站法尔
哈达"意为"拉法旧站署长"[83]，虽用满语，印文却用汉文。
这几方均是清末的官印，所以才会出现此种特殊的情况。

注　释

[1] 黑龙江省文物考古工作队《黑龙江古代官印集》，黑龙江人民出版社 1981 年版。

[2] 刘善沂《山东聊城地区出土的古代官印》，《考古》1985 年第 2 期。

[3] 陈全方《陕西出土的一批古代印章资料介绍》，《文物资料丛刊》第 1 辑，文物出版社 1977 年版。

[4] 武健《山东济宁出土元代官印》，《文物》1993 年第 12 期。

[5] 李逸友《介绍两方元代官印》，《文物》1965 年第 12 期。

[6] 赵丛苍《金、元、明代印章五方》，《考古与文物》1987 年第 1 期。

[7] 内蒙古文物工作组《内蒙发现的元代遗存简况》，《文物》1957 年第 4 期。

[8] 柳成栋《猪儿年"副统之印"与蒲鲜万奴叛金自立》，《文物天地》1985 年第 3 期。原报道误为蒲鲜万奴东夏国官印。

[9] 叶其峰《古玺印与古玺印的鉴定》第 28 页，文物出版社 1997 年版。

[10] 照那斯图《元八思巴字篆书官印辑存》，《文物资料丛刊》第 1 辑，文物出版社 1977 年版。

[11] 罗福颐主编《故宫博物院藏古玺印选》第 147 页，文物出版社 1982 年版。

[12] 罗福颐、王人聪《印章概述》第 107 页，三联书店 1963 年版。

[13] 赵人俊《杭州西湖发现宋、金、元铜质官印》，《文物》1959 年第 4 期。

[14] 刘祖信《荆门出土的元代八思巴印试析》，《江汉考古》1987 年第 4 期。

[15] 《辽海文物学刊》1992 年第 1 期。

[16] 同[1]。

[17] 庞怀靖《陕西岐山县博物馆藏两方官印》，《文物》1986 年第 11 期。

[18] 同[10]。

[19] 中国科学院考古研究所、北京市文物管理处元大都考古队《记元大都发现的八思巴字文物》，《考古》1972 年第 4 期。

[20] 陈浩《"昏烂钞印"刍议》,《舟山钱币》1990 年第 2 期。

[21] 赵人俊《元代"昏烂钞印"的补充》,《考古与文物》1985 年第 4 期。

[22] 卢亭风等《九江出土元代烧钞库印》,《文物》1984 年第 10 期。

[23] 同[10]。

[24] 同[9],第 27 页。

[25] 同[10]。

[26] 陈良和《商洛地区出土的古代武官印初考》,《文博》1991 年第 2 期。

[27] 曹传松《澧县博物馆收藏的几枚铜印考》,《江汉考古》1991 年第 3 期。

[28] 内蒙古文物考古研究所、阿拉善盟文物工作站《内蒙古黑城考古发掘纪要》,《文物》1987 年第 7 期。

[29] 同[11],第 149~152 页。

[30]《西北史地》1985 年第 2 期。

[31] 罗福颐《北元官印考》,《故宫博物院院刊》1979 年第 1 期。

[32] 张玉兰《杭州市发现元代鲜于枢墓》,《文物》1990 年第 9 期。

[33]《临澧县新合出土一批窖藏金银器》,《湖南考古辑刊》第 2 辑。

[34] 罗福颐《古玺印概论》第 89 页,文物出版社 1982 年版。

[35] 同[28]。

[36] 参看沙孟海《印学史》第十九章、二十章,西泠印社 1987 年版。

[37] 长陵发掘委员会工作队《定陵试掘简报(续)》,《考古》1959 年第 7 期。

[38] 山东省博物馆《发掘明朱檀墓纪实》,《文物》1972 年第 5 期。

[39] 中国社会科学院考古研究所、四川省博物馆成都明墓发掘队《成都凤凰山明墓》,《考古》1978 年第 5 期。

[40]《明史·舆服志》。

[41] 南波《关于荡寇将军印》,《文物》1978 年第 2 期。

[42] 周到《新乡发现一颗明代铜印》,《文物》1958 年第 9 期。

[43] 郑明《沈阳地区新出土的两方铜印》,《考古》1964 年第 7 期。

[44] 项春松《内蒙古昭乌达盟发现的一批古印资料》,《文物》1983 年第 8 期。

[45] 平南县文化局、桂平县文化局《广西桂平发现明"浔州卫中千户所百户印"》,《文物》1984 年第 12 期。

[46] 张小平《江西大余出土明代铜印》,《考古》1987 年第 12 期。

[47] 邓辉《鄂西自治州收藏的元、明铜印》,《文物》1985 年第 5 期。

[48] 汪宇平《呼盟乌兰浩特市北方发现明代铜印》,《文物》1958 年第 6 期。

[49] 李健才《禾屯吉卫和奴儿干都司——禾屯吉卫指挥使司印考》,《社会科学战

线》1979 年第 1 期。

[50] 杨旸等《明代奴儿干都司及其卫所研究》,《考古学报》1976 年第 1 期。

[51] 萧明华《云南昆明五华山出土明代官印》,《文物》1999 年第 7 期。

[52] 同〔47〕。

[53] 同〔47〕。原报道将印文的"方(防)"误释为"克"。

[54] 曹锦炎等《南明官印集释》,《东南文化》1992 年第 3、4 期合刊。

[55] 唐昌朴《南明政权的两枚铜印》,《江西历史文物》1980 年第 3 期。

[56] 王其珍等《贵州道真县出土南明将军印》,《文物》1985 年第 8 期。

[57] 罗云《广西玉林县出土南明"平东将军之印"》,《文物》1981 年第 7 期;于凤芝《广西出土九方南明"永历"官印考》,《文物》1998 年第 10 期。

[58] 曹传松《湖南澧县发现明"华阳王镇抚司之印"》,《文物》1984 年第 11 期。

[59] 谢子熊《广东肇庆发现南明官印》,《文物》1991 年第 11 期。

[60] 周曰琏《四川芦山县博物馆收集的唐和南明官印》,《考古》1993 年第 8 期。

[61] 同〔51〕。

[62] 萧明华《云南少数民族官印集》,云南民族出版社 1989 年版。

[63] 同〔51〕。

[64] 同〔34〕,第 95 页。

[65] 同〔34〕,第 95、96 页。

[66]《西藏自治区文物工作三十年》,载《文物考古工作三十年》,文物出版社 1979 年版。

[67] 张平一等《热爱祖国、反抗沙俄压迫的土尔扈特蒙古及其历史文物》,《文物》1975 年第 7 期。

[68] 安英新《新疆伊犁发现两方清政府颁发给土尔扈特部的银印》,《文物》1997 年第 10 期。

[69]《蒙古文研究》第 1 辑。

[70] 同〔44〕。

[71] 同〔1〕。

[72] 同〔1〕。

[73] 向渊泉《湖南永顺出土司官印》,《文物》1984 年第 7 期。

[74] 肖梦龙等《镇江博物馆藏古代铜印》,《文物》1983 年第 8 期。

[75] 张孝忠等《金川发现清乾隆年间土司印章》,《四川文物》1987 年第 4 期。

[76] 卢茂村《蚌埠市发现江南长江水师提督之印》,《中国文物报》1988 年 4 月 1 日。

［77］王翰章等《绥德县博物馆藏印选》,《文博》1990 年第 3 期。

［78］李桂芹《浅议清代"吉林府儒学印"》,《北方文物》1990 年第 1 期。

［79］邹秀火《清代安徽"绩溪县儒学记"铜印》,《东南文化》1992 年第 3、4 期合刊。

［80］武仙竹等《房县发现"前营参将关防印"》,《江汉考古》1991 年第 1 期。

［81］龚远生《清代"南赣镇标永镇营"、"赣标宁都巡警军"钤记》,《江西文物》1991 年第 2 期。

［82］梁郑平《清代的邮政印章》,《中国文物报》1989 年 1 月 27 日。

［83］董学增等《清代"厢蓝旗拉法旧站法尔哈达"印小考》,《文物》1987 年第 10 期。

十一 元末以来农民军官印

元代末年，由于阶级矛盾和民族矛盾的日益激化，各地农民纷纷揭竿起义，建立地方割据的农民军政权。

元至正十一年（公元 1351 年）八月，徐寿辉与彭莹玉、邹普胜以红巾为号组织起兵，与安徽颍州的刘福通遥相呼应，并被推为长江流域的红巾军领袖。十月，据蕲水（今湖北浠水）为都，国号"天完"，建元"治平"。所部数十万人陆续攻克湖广、江西大部，东及江浙，西及四川等地。有"治平年款"的天完政权铜印，60 年代以来有所发现，例如 1982 年于江西丰城出土"管军万户府印"印，圆形印面，直径 11 厘米，背款"管军万户府印，中书礼部造，治平二年月日"。据分析，此印与红巾军当年攻陷江西战役有关[1]。相同的"管军万户府印"（图五三，1）印，于江西萍乡市郊也有出土，圆形印面，直径 12 厘米，背款"管军万户府印，中书礼部造，治平三年月日捌（？）"[2]。有治平年款的印，还有传世的"统军元帅府印"印，也是圆形印面，直径 13 厘米，背款"统军元帅府印，中书礼部造，治平四年月日给"[3]。清代汪中《述学·补遗·释印》著录的"管军万户府印"，据记载也是圆形，背款"治平三年月"。

1965 年 6 月，河南光山向庄一农民捐献给中国历史博物馆一方"管军万户府印"铜印，也是圆形印面，直径 13 厘米。据称此印是其祖父早年耕地发现的[4]。此印背款为"管军万户府印，中书礼部造，太平年月日”，年号为“太平”。史树青指出，汪中《述学》著录的还有一方“管军万户府印”，背款也是“太平”年号，汪中推测“太平”是徐寿辉建都汉阳时年号，其结论是可信的[5]。1968 年于湖北英山出土“汴梁行省管勾所之印”印，圆形印面，直径 10.2 厘米，背款“汴梁行省管勾所印，中书礼部造，太平二年七月日”[6]，也是用“太平”年号。1990 年，又于湖北随州万和董家庄出土“太平”年款的“统军元帅之印”印，背款“统军元帅之印，中书礼部造，太平三年月日”，圆形印面，直径 12 厘米[7]。据文献记载，徐寿辉的天完政权自公元 1351 年建立到 1359 年结束，其间共有治平、天启、天定三个年号，未见有太平年号，从出土的这几方有太平年款的官印来看，其字体、形制、款式完全同于已被确定的有治平年款的天完政权官印，可见徐寿辉所建立的农民政权确曾用过“太平”年号，出土印章弥补了文献对这段历史的遗漏。1982 年于江西高安土产公司废品收购部拣选到“管军千户所印”印，圆形印面，直径 10.3 厘米，背款除印名、“中书礼部［造］”、“月日”外，年号不详，从形制特点看，也是徐寿辉政权所制[8]。

应当指出，天完政权的官印形式前所未见，它呈外圆内方，方框内为印文，方框外饰云纹，云纹外再加饰厚重的边框。另外，它的一个明显特征是尺寸特别大，直径均在 10 厘米以上。这些均与各时期官印区别甚大。

天完政权于公元 1358 年 8 月改元“天启”，1359 年 4 月又改元“天定”，同年冬迁至九江。此时徐寿辉农民政权的实权已被陈友谅所掌握。元至正二十年（公元 1360 年）陈友谅挟徐寿辉东下进攻朱元璋，五月克太平，旋即进军采石矶，稍后，废徐寿辉，以采石五通庙为行殿，即皇帝位，国号"汉"，改元"大义"，天完政权才告结束。出土的陈友谅大汉政权官印仅一方，于1990年在安徽宿松得胜山一农户旧宅墙基发现，印为大理石质，方台形，无钮，印面边长11厘米，印面镌刻"汉授天命主公之印"。此印出土地点在陈友谅当时的活动范围，印文风格与同期元末农民政权铜印也相符，可以确认此印印文所言之"汉"即指陈友谅所称"汉"。此外，印文称"主公"，这是元末农民军对首领的习惯称呼，一旦称帝，称呼势必改变，可见此印制作时间应在陈友谅于至正十九年（公元1359年）十二月称汉王与次年称帝之间[9]。至于用大理石充作印材，可能是事出仓促，一时未找到合适的玉料，遂以此替代。传世也有一方陈友谅大汉政权的"征戍之印"官印，收藏在上海博物馆[10]。

曾为徐寿辉部下的南方红巾军将领明玉珍，在陈友谅杀了徐寿辉后自立为陇蜀王，至正二十二年（公元1362年）于川东重庆称帝，国号"夏"，建元"天统"。至正二十六年（公元1366年）明玉珍死，其子明升嗣立，改元"开熙"，至洪武四年（公元1371年）降于明，前后存在10年。夏政权的官印也有出土记录，1975年于湖北恩施修建机场候机厅时出土"施南万户府镇抚司印"（图五三，2）印，印面长7.6厘米，宽7.5厘米，背款"圣旨颁降，施南万户府镇抚司印，大夏开熙二年六月日造"。早年于湖北建始曾出土"屯田万户府印"印，印面长8.4厘米，宽8.2厘米，背款"圣旨颁降，屯田万户府，大夏开熙元年四月造"。同出还有"清江施南道总管军万户府印"印，印面长8.7厘米，宽8.5厘米，根据印文风格也被定为夏政权官印[11]。据史志记载，鄂西地区自公元1355年

起就逐渐为明玉珍所辖，这三方铜印为研究夏政权的地方政权
建设及军事、经济组织提供了重要的实物资料。

当徐寿辉建立农民政权以后，北方红巾军领袖刘福通于至
正十五年（公元 1355 年）在亳州拥立韩林儿为小明王，国号
"宋"，建元"龙凤"。至公元 1366 年冬，朱元璋迎韩林儿入应
天（今南京），韩林儿于瓜洲渡长江时溺死，韩林儿政权才告
结束。虽然前后只存在 11 年，但出土的铜印中也有一些韩林
儿政权的官印。

1955 年于河南固始出土"元帅之印"印，印面边长 9 厘
米，背款"中书礼部，龙凤三年十月，元帅之印"[12]。1960
年于山东莒县又出土"元帅之印"印，印面边长 8.7 厘米，背
款"元帅之印，中书礼部，龙凤六年四月日"，侧刻"昃字六
十四号"[13]。各地还出土五方"管军万户府印"，如 1960 年于
山东莒县出土的"管军万户府印"印，印面边长 7.7 厘米，背
款"管军万户府印，中书礼部，龙凤六年三月日"，侧刻"生
字八十二号"[14]；1967 年于山东枣庄张庄出土的"管军万户
府印"，边长 6.2 厘米，背款"管军万户府印，中书礼部造，
龙凤五年二月日"，侧刻"端字十七号"[15]；1972 年于湖北襄
樊庞公出土的"管军万户府印"印，印面边长 7.8 厘米，背款
"龙凤二年正月日造"，侧刻"管军万户府印，往字玖拾壹
号"[16]；1975 年于江苏丹阳全州出土的"管军万户府印"印，
印面边长 7.8 厘米，背款"龙凤二［年］十二月日造"，侧刻
"管军［万户府印］，民字肆拾陆号"[17]；1984 年于安徽嘉山
管店出土的"管军万户府印"印，背款"管军万户府印，中书
礼部造　龙凤四年二月日"，侧刻"谈字拾贰号"[18]。相同印
文的铜印，在湖北省博物馆、上海博物馆、四川省博物馆也有

收藏[19]。此外，南京博物院等处还收藏有"管军总管府"印四方，上海博物馆藏有"津宁县印"印一方，均有"龙凤"年款[20]。大都是管军机构的印。

以上官印无疑都是研究元末农民军政权组织和军制的十分宝贵的实物资料。

明末农民军起兵后势如破竹，李自成攻下北京，建立"大顺"政权。虽然李自成的大顺政权存在时间极短，却也曾颁造印信。例如1936年于山东恩县出土"夔州防御使符"（图五三，3）印，尺寸不详，背款"夔州防御使符，永昌元年四月日造"，侧刻"字字陆佰肆号"[21]。"永昌"即大顺政权年号，永昌元年为公元1644年，"防御使"为李自成改兵备所设官名[22]。又如1957年于陕西蓝田出土"三水县信"印，边长6.9厘米，背款"三水县信，礼政府造，永昌元年拾贰月日"，侧刻"安字壹百号"[23]。50年代于北京东厂胡同民房院内出土"工政府屯田清吏司契"印，印面边长7.9厘米，背款"工政府屯田清吏司契，永昌元年肆月日造"，侧刻"字字伍百贰拾捌号"[24]。均是李自成官印。印称"符"、"信"、"契"及"记"，是大顺政权所改之名，称"契"是为了避李自成之父名"印"之讳。据《甲申传信录》所记，当时的官印分"符、券、契、章"四等，但出土及传世的大顺政权官印只有"符"、"契"、"信"、"记"四种名称，因此有学者认为，"券"、"章"可能是"记"、"信"之误字[25]。传世还有多方大顺政权的官印，如"通政司右参议之记"、"仪陇县契"、"金乡县契"等印，均是永昌元年所造[26]。此外，故宫博物院收藏的"辽州之契"印，背款"辽州之契，癸未年十月日造"，侧刻"天字贰佰伍拾壹号"。此印有"癸未"年款，说明是崇祯十六年

图五三 元末以来农民军官印（一）

1. "管军万户府印"　　2. "施南万户府镇抚司印"

3. "夔州防御使符"　　4. "南郑县印"

（公元 1643 年）所颁，尚未建立"大顺"政权，这是目前所见最早的一方李自成官印[27]。

需要指出，大顺政权的官印钮制、印体大小、刻款形式等均同于明官印，但其印文却是刻凿而成，其书体不用九叠篆，篆书笔画方折，字体粗犷，独具风格。

在李自成建立大顺政权的同一年，张献忠也于四川成都建立"大西"政权，建元"大顺"。张献忠的官印传世也有多方，例如四川省博物馆收藏的"南郑县印"（图五三，4）印，印面边长7.2厘米，背款"礼部造，大顺二年正月日"，侧刻"大字六百八十三号"；"离八寺长官司印"印，印面边长7.2厘米，背款"离八寺长官司印，礼部造，大顺二年正月日"，侧刻"大字六百八十三号"；"潼川府经历司印"印，印面边长7.1厘米，背款"潼川府经历司印，礼部造，大顺二年九月日"，侧刻"大字一千二百二十四号"[28]。由此可见大西地方政权组织之一斑。此外，常任侠旧藏的"西王之宝"玉印，被认为是张献忠之玉玺[29]。

清道光三十年十二月初十日（公元1851年1月11日），洪秀全领导金田起义，建立农民政权——太平天国。太平天国的官印也有发现，例如中国历史博物馆藏有两方玉玺，一方是洪秀全的"太平玉玺"（图五四，1），印面长19.9厘米，宽19.4厘米，印文44字，一般读法为"太平玉玺，天父上帝，天兄基督，天王洪日，主王舆笃，救世幼主，真王贵福。八位万岁，恩和辑睦，永定乾坤，永锡天禄"[30]。另一方为"幼主玉玺"，是幼天王洪天贵福的。这两方玉玺在同治三年（公元1864年）六月天京失陷时落入清军之手，后被曾国藩上交朝廷。太平天国晚期的印都为木质，如1975年于浙江海宁出土"太平天国浙江海宁州前军右师左旅帅"木印，印面长9.8厘米，宽4.6厘米，这是太平天国乡官旅帅的官印[31]。又如1979年于江苏南京市区拆除旧房时发现"天父天兄天王太平

1

2　　　　　　　　　　3

图五四　元末以来农民军官印（二）
1.“太平玉玺”　2.“都督之篆”　3.“中郎将篆”

天国开朝勋臣赢天预黄敬忠”木印，印面长 21 厘米，宽 10.5 厘米。同出还有另一方木印，印文为“天父天兄天王太平天国开朝勋臣赢天侯黄敬忠”，两印为同一人所有[32]。太平天国后期设有“义、安、福、燕、豫（预）、侯”六爵，爵名均冠以“天”字，“天”字上又加以一些冷僻字作爵号。浙江省博物馆收藏的“太平天国天朝恩赏将军”木印，系林秉钧之孙捐赠。据《侍王李世贤劝浙江太平子民各知效顺谆谕》称，林秉钧曾向太平天国“贡献马匹、洋银，恳求安抚”，故太平天国授予其“太平天国恩赏将军”衔[33]。出土的这几方木印，对了解太平天国官爵制度有一定作用。此外，在各地发现的许多太平天国布告、执照上均钤有各级官印，同样也是我们研究太平天国玺印的重要资料。

特别需要指出的是，太平天国的官印印文全部采用宋体楷书，印文外加方框，方框外再刻不同纹饰，颇有个性。这与隋唐以来的历朝官印形式截然不同。

清咸丰六年（公元 1856 年）九月，以杜文秀为首的回民起义军在云南大理建立了反清政权。大理政权只存在了六年时间，但留下了不少官印。1949 年以来，先后在云南的昆明、曲靖、怒江[34]以及巍山[35]和澜沧[36]发现了杜文秀大理政权的官印。据不完全统计，共有 33 方。这些印章均为铜质，杙钮。印文除少数为铸造外大都为凿刻，右为汉文，左为阿拉伯文。所有印文中的阿拉伯文均相同，都是“苏莱曼”，即穆斯林男人的经名（教名），也是杜文秀的经名。印称“篆”。印背刻有年款，均以干支纪年，右为汉文，左为小儿经文（中国穆斯林在清代创造的一种用阿拉伯文、伊朗文、汉语音结合的经文），编号刻在侧面。这些都是大理政权官印的显著特点[37]。

　　大理政权的职官制度不同于清朝，大部分官名都是采用清以前的官名，少数官名则是清前期的，例如"都督之篆"（图五四，2)、"都指挥篆"、"行营翼长之篆"、"车骑右将军篆"、"果毅将军之篆"、"南军后参军篆"、"中郎将篆"（图五四，3)、"世袭永北北胜州土知州之篆"、"蒙化世袭抚夷知府之篆"等印。这些印章对研究大理政权的军事组织和地方组织很有参考价值。

　　清末义和团运动威震中外，1958 年于天津坝县发现一方义和团木印，印文为"永邑信安镇乾字北义合团人等全胜"，印面长 14.4 厘米，宽 3 厘米。这是当年义和团基层组织的凭证信物，属坝县信安镇真武庙坛口[38]。

注　释

[1] 万良田《江西丰城县发现元末红巾军铜印》，《江汉考古》1986 年第 1 期。

[2] 傅举有《介绍几方元代铜印》，《文物》1986 年第 11 期。

[3] 同 [34]，第 91 页。

[4] 史树青《元末徐寿辉农民政权的铜印》，《文物》1972 年第 6 期。

[5] 同 [4]。

[6] 邱树森《元末农民政权几方铜印的初步研究》，《文物》1975 年第 9 期。

[7] 张华珍《随州发现一枚元代铜印》，《江汉考古》1992 年第 1 期。

[8] 杨道似《江西高安发现元末红巾军铜印》，《文物》1997 年第 10 期。

[9] 王纪潮《新发现的元末陈友谅"汉授天命主公之印"》，《文物》1993 年第 12 期。

[10]《上海博物馆藏印选》，上海书画出版社 1979 年版。

[11] 邓辉《鄂西自治州收藏的元、明铜印》，《文物》1985 年第 5 期。

[12] 赵蔚来《元末农民起义军使用的铜印》，《文物》1965 年第 3 期。

[13] 山东莒县博物馆《莒县出土元末农民起义军的两颗铜印》，《文物》1960 年第 10 期。

[14] 同 [13]。

[15] 同 [6]。

[16] 同 [6]。

[17] 江苏丹阳县文物管理委员会《丹阳全州公社发现元末红巾军宋政权的铜印》，《文物》1977 年第 12 期。

[18] 高峰《龙凤四年铜印在安徽嘉山面世》，《中国文物报》1989 年 5 月 19 日。

[19] 同 [6]。

[20] 同 [6]。

[21] 王献唐《山左近出五官印考》，《山东省立图书馆季刊》一卷二期（1936 年）。

[22] 同 [21]。

[23] 刘安国《陕西蓝田发现李自成永昌元年"三水县信"》，《文物》1959 年第 5 期。

[24] 王宏钧等《李自成永昌元年"工政府屯田清吏司契"》，《文物》1959 年第 9 期。

[25] 罗福颐《古玺印概论》第 16 页，文物出版社 1981 年版。

[26] 罗福颐《李闯王遗印汇考》，《故宫博物院院刊》1980 年第 1 期。

[27] 同 [26]。

[28] 王平贞《大西农民革命政权的三方铜印》，《文物》1974 年第 6 期。

[29] 王静如等《谈谈有关农民战争的文物》，《文物》1961 年第 7 期。

[30] 同 [29]。

[31] 浙江省海宁县文化馆《海宁发现"太平天国浙江海宁州前军右师左旅帅"木印》，《文物》1975 年第 10 期。

[32] 姚迁等《南京新发现太平天国官印和执照》，《文物》1980 年第 2 期。

[33] 《浙江太平天国革命文物图录选编》，浙江人民出版社 1984 年版。

[34] 萧明华等《杜文秀大理政权官印集释》，《文物》1986 年第 7 期。

[35] 陈维鼎《云南巍山县发现杜文秀起义铜印》，《文物》1986 年第 7 期。

[36] 黄桂枢《云南澜沧发现清杜文秀大理政权官印》，《文物》1990 年第 10 期。

[37] 同 [34]。

[38] 天津市历史博物馆、天津市文物管理处《坝县发现"永邑信安镇乾字北义合团人等全胜"木印》，《文物》1977 年第 10 期。

十二 图像印、民族印和宗教印

（一）图像印

古代玺印中有一类印章，在印面上刻的并不是文字，而是一些简单的图案，常见有鸟兽或人物等图案。过去这类玺印被称之为"肖形印"、"生肖印"、"形肖印"、"蜡封印"、"图形印"、"图类印"、"图画印"等等，定名并不科学。实际上这是一种图像性质的印章。所以，沙孟海建议称为"图像印"[1]，比较妥帖。

1926 年黄宾虹编著《滨虹草堂藏古玺印选》，收录了大量的图像印，而且还对图像印作了精辟的论述。1958 年第 1 期《文物》杂志发表了王伯敏《略谈肖形印》一文，对肖形印的有关问题提出了自己的看法。不久，关松房、何广键先后对王文提出了商榷意见[2]。温廷宽也在《印章的起源和肖形印》一文中发表了自己的看法[3]。他从图像印的产生探讨玺印的起源，有些观点颇有启发性。图像印究竟起源于何时，目前尚无定论。有一种意见认为图像印中的有些图纹是商周铜器中最常见的纹饰，这样的图像印应该就是商周时代的，那么它的起源可能就在这个时期。例如故宫博物院收藏有两方图像印，一方是龙纹印（图五五，1），一方是凤鸟纹印（图五五，2）。《故宫博物院藏肖形印选》一书编者认为，这两方古玺是迄今所见最早的图像印，因为这两种纹饰流行于商周和春秋时代，战国时已很少见，而其纹饰铸造风格又与西周或春秋铜器上的花纹接近，故其时代应属西周或春秋[4]。1995 年第 12 期《文物》杂志上刊布了 90 年代于陕西周原遗址出土的两方西周图像印的资料[5]，特别是一方凤鸟纹图像印，更与故宫藏印图案相似。根据地层关系，这两方图像印的时代属于西周中晚期，可见上述看法无疑是正确的。

图像印主要流行于战国时期，下延至汉，南北朝以后几乎绝迹。至晚清之际由于文人印的兴起，又重新出现，回归传统，传世及出土品尤以汉代物为多。一般认为，其性质相当于吉语印，是用图画来表达人们的愿望，但其是否起封缄作用，则有不同看法。有学者提出，图像印是在市上出卖的，一印相同者甚众，谁都能买，无保密价值，故图像印不是用来作封缄抑封泥的[6]。确实，过去出土的封泥尚未见有图像印遗存，然而早期图像印的功能同文字印一样，应该是不容置疑的。从早期来说，图像印和其他玺印都是封缄者自己使用的标记，可以看成是私印的一个种类。后来随着社会风尚或习俗的影响，它才逐渐和玺印的功能相脱离。尤为重要的是，1978 年于湖北江陵天星观一号战国楚墓、1986 年于湖北荆门包山二号战国楚墓均出土有图像印封泥，后者的封泥还保留在陶罐颈部[7]。可证至少在战国时代，图像印仍然还起着封缄作用。当然，也不排除在战国时期的图像印，除了表示印信作封缄外，还有其他的用途，如用作佩印表示吉祥或辟邪。这如同古埃及流行的蜣螂形圣甲虫钮式印章，印面刻的是花纹，其作用不单是作为印信，古埃及人还相信这种印章具有辟邪和护身符的功能。或许图像印的功能也具有这种双重性特点。至于图像

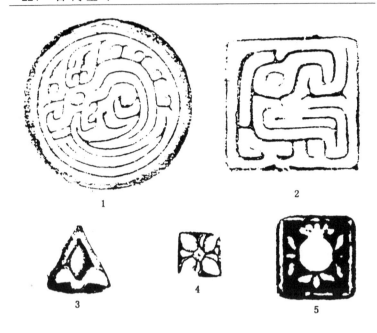

图五五　图像印

1. 龙纹印　2. 凤鸟纹印　3. 忍冬花纹印

4. 莲花纹印　5. 海石榴纹印

印于何时退出封缄领域，只表示其他用途，尚需由出土实物来作最终的判定。

　　新疆地处中西交通的要道，外来文化和本土文化在激烈碰撞后，往往会在这里留下许多痕迹。新疆地区出土的图像印上，就有不少反映。20 世纪初，日本人大谷光瑞组织"中亚探险队"，曾前后三次、历时十二年，对新疆地区进行所谓"探险"，掠走了一批文物。其中有新疆出土的图像印，多达 120 方，现藏辽宁旅顺市博物馆。这批图像印的质地有铜、煤精石、铁和木，按其图案内容可分为：样式花叶印、动物印、飞禽印和其他印。样式花叶印以忍冬花（图五五，3）、莲花（图五五，4）两种图案居多，还有海石榴（图五五，5）图案。忍冬花、海石榴分别是从印度、中亚引进的植物，本非中土所有。这些图像印有别于中原地区出土的图像印，这不仅丰富了这方面的图案和内容，还大大扩展了人们的研究视野。据考证，这批印章的具体年代从东汉后期到魏晋南北朝时期，个别迟至唐代。断代的依据，是这些图像印的图案造型风格和大谷探险队所劫掠的大量墓志中所记述的年代[8]。

图像印和中国古代其他艺术品一样，来源于生活，反映生活，它取材广泛，意趣无穷，是研究中国美术史的极好资料。王伯敏《古肖形印臆释》一书，选取图像印60方进行考释，书后附有《古代肖形印概述》，对图像印的形成、发展和用途进行了分析[9]。近年康殷汇集图像印，先后编成《古图形玺印汇》、《古图形玺印汇续集》两书，收录甚富。书中《前言》对图像印的年代、范围、内容及其制法等问题作了全面的概述[10]。这些著作，是最近二十年来对图像印研究所取得成果的最新结集。

（二）民族印

在四川境内的古墓葬中出土的一类古玺印具有浓厚的巴蜀文化因素，其时代约在战国晚期到秦汉之际。这类印章与常见的古玺不同。它最显著的特点是印面上铸刻的并非古汉字，而是一些人物、动植物以及几何形等图形。根据考证，学术界认为是属于古代的巴国、蜀国的图形符号。这类古玺是中国古代少数民族巴、蜀的印章，一般称之为"巴蜀符号印章"。

巴蜀符号印章过去曾有少量传世品，在一些旧印谱中偶有著录，如《十钟山房印举》、《瞻麓斋古印征》、《宾虹藏印》等。50年代以前，由于当时的条件所限，学者们对其年代和文化属性均不能确指。直到1954年，考古工作者发掘四川巴县冬笋坝、昭化（今广元）宝轮院一批船棺葬墓，于墓中出土了这类印章，经过对共存遗物的分析研究，才明确了它的文化属性和年代，是属于巴蜀的印章。70年代以来，于四川犍为、绵竹、越西、新都、涪陵、荥经、蒲江、大邑的战国或西汉初期墓葬中[11]，以及广汉、峨眉、成都[12]、宝兴[13]等地，陆续出土了不少巴蜀符号印章，香港市肆也有一些[14]，使人们加深了对这类印章的认识。尽管近五十年来出土的巴蜀符号印章已达四五十方之多，但目前系统的整理研究工作还显得不够，有些看法还不能统一，比如巴蜀符号印章的源流，它们与同出的汉字印有什么关系，它们的功用怎样，它们在"巴蜀符号"整体系统中有什么意义，诸如此类的问题都有待解决[15]。

由于巴蜀符号印章至今未能解读，因此对巴蜀符号印章上图形符号的性质，学术界有不同看法。归纳起来，主要有以下几种：1.文字；2.图语；3.符号；4.图腾或族徽。多数人主张其应为文字符号。事实上这类图形符号可以分成两类，一类是所谓"符号"（图五六，1），与同时代的巴蜀青铜兵器、乐器或容器上所铸铭文相同；另一类则是似汉字非汉字（图五六，2）。对后者，学术界一致认为是文字，如童恩正指出："从文字的结构来考察，这种文字是方块字而非拼音字，是直行而非横行。它与汉字一样，应属于表意文字的范围，而且还经历了一段相当长的发展历史，完全脱离了原始的象形阶段"[16]。至于前者，学术界一般认为是符号，但李学勤则认为，根据四川广元宝轮院和巴县冬笋坝的发掘，已证明这类所谓"符号"也是文字。如冬笋坝 50 号墓，共出土六方古玺，其中两方半通印是汉字成语印，而另两方所谓"符号"的，其中一方也是半通印，可以为证。"这说明前者也是文字，其中包括了表音、表义两种符号"[17]。

1992 年于四川什邡丝绸厂工地发掘的 21 号船棺葬墓，出土一方巴蜀符号铜印，印面有图形符号一组，背部鼻钮四周也有四字（图五六，3、4），印面边长 3.5 厘米。1994 年于四川召开的先秦史暨巴蜀文化国际学术讨论会上，李江、杨剑首作报道，认为印背面的文字环读为"十方雄王"，"雄"字抑或是

图五六　民族印（一）

1、2、3、4、5. 巴蜀符号印章

"族"字。正面印纹分上下两部分，上部的图纹为罍和铎，此两者之间是闪电图像，象征号令或疾速；罍和铎是重器，是权力的象征，印文总章为"天授神权，威力如雷，号令所达，尔宜遵从"[18]。郑绪滔对于云雷纹的说法与李、杨氏的观点一致，对于印背文字，则肯定地说"环读为'十方雄王'"[19]。钱玉趾则认为，印背四字属秦系文字，读法应取上下右左顺序，读为"十邡大王"，此印可能是十邡大方国之王的王印[20]。由于巴蜀图形符号至今未能得到正确解读，因此上述各家的看法未免带有猜测成份。另外，1980 年于四川新都发掘的战国木椁墓中出土了两方铜印，其中一方为方形，印面边长 3.5 厘米，印文为一组图像加巴蜀图形符号（图五六，5）：下部两侧各立一人，伸手相握，手下置一罍，手上有一图形符号，上面两侧各有一口向上的铎。发掘者根据墓葬形制及对印面图形的分析，认为使用此印的应系蜀王[21]。类似这种用图像加图形符号组合的印文比较罕见，其性质或可能同于古玺中的图像印。

巴蜀符号印章多出于墓葬，这和当时中原地区的习俗相一致。但其并非是专为殉葬而制作，应该是具有标志、领有、称谓、徽记等一类实用性质的印章[22]。

与"巴蜀符号印章"相类似的，还有流行于云南西双版纳的傣族动物图案印。

云南西双版纳的傣族聚居区，元、明、清称"车里"，自元朝在这里设立"车里军民总管府"、明朝改为"车里宣慰司"后，土司制度一直保存到新中国成立以前，因此历史上形成了一套以宣慰使为中心的傣族政权组织。这个政权组织的各级官员，除了使用朝廷颁发的"宣慰司印"及自制的傣文官印如

"宣慰使第二大臣怀郎曼凹印"（图五七，1）外，还一直使用他们自制的动物图案印。印章材料选用象牙或木质。印面均为圆形，图案设计与中原地区的古图像印布局不同，其图案中的动物计有六种：鱼、鹿、狮子、孔雀、狗和马。这类印章在西双版纳地区有所发现。例如制于清末的象牙质鱼印（图五七，2），是车里宣慰使用印。车里宣慰使是西双版纳的最高长官和最高领主。再如一方木质狮印（图五七，3），是"召叭竜拉鲊

1

2

3

4

图五七　民族印（二）

1. "宣慰使第二大臣怀郎曼凹印"　　2. 象牙质鱼印

3. 木质狮印　4.·"统管堂狼印"

翁沙"所用印。"召叭竜"意指宣慰使的官，泛称司署各大臣，"拉鲊翁沙"是法名。此印还刻有汉文"刀学林印"四字，既是官印，又是私印。司署官员或用鹿印、孔雀印、狗印及马印，各自代表不同的官职。

云南傣族政权的动物图案官印，题材一般都选取本民族传说中的神物，以写实为主，形神俱佳，装饰性也很强，更具图画性，具有十分鲜明的地方特色和民族特点，为我们研究傣族历史和原始宗教提供了宝贵的实物资料[23]。

此外，1988 年云南昭通市文物部门于昭通市区征集到一方彝文"统管堂狼印"（图五七，4）蛙钮铜印，印面长 4 厘米，宽 3.5 厘米。印文文字系古彝文，经贵州省毕节地区彝文翻译组译出，直译为"妥鲁山里手辖印"，汉意为"统管堂狼印"。该印印钮制作特别精致，钮作青蛙形，口微张，呈蹲伏状，栩栩如生，钮与印体是由肉眼不易察觉的两次焊接而成。据分析，此印的主人大概是彝族仲牟由家族中的一员，因该地区历史上曾长期归其家族统治。另外，堂狼县这一地名，南北朝后不再出现，所以，此印发挥作用的时间不会晚于南北朝[24]。古代彝族官印尚属首次发现，这对西南种族的社会历史及文化等的研究，将起到不可低估的作用。

远在祖国西南边陲的西藏地区历史悠久，文化发达，使用印章的年代较早。据藏文史籍记载，公元 7 世纪松赞干布时期已使用印章，这已从敦煌出土的古藏文文献中得到证实。例如一些吐蕃官方给沙州行政官员的信件，末尾都盖有"丹噶尔官印"；在敦煌藏文手卷 p.t.1083 号卷子尾端盖有一印章，作飞犬兽座形。另外，在新疆出土的藏文木牍 368 和 369 号上也有"命令上盖有印章"的记载[25]。公元 752 年，吐蕃册封南诏为

"赞普钟南国大诏"，并给南诏王金印[26]。贞元十年（公元785 年）南诏异牟寻归顺唐朝时，一次就献出"吐蕃印八钮"[27]。由于时代演变，社会沧桑，吐蕃印章至今未有考古出

1

2

3

4

图五八　民族印（三）

1、2、3、4. 西藏宗教印章

土的记录。目前西藏地区发现的印章，年代最早的是属于元代，明代和清代印章数量也不少。

西藏发现的印章，除了历代政府所颁外，其他都是由本地制作的，多数和宗教有关。这种宗教印章，有的有文字，有的没有文字只有图形（图五八，1～4），有的刻金刚杵，有的刻法螺，刻工精美，具有极高的艺术价值。

五世达赖建立甘丹颇章地方政权的初期，任命一名"第巴"管理地方行政事务。后来清朝派兵平定准噶尔扰藏以后，废除第巴制度，设立四"噶伦"共同办理西藏事务。"第巴"和"噶伦"官员的署押印，也有发现。这种署押印的印文极为特殊，既不是汉文，也非藏文，而是一种特殊的符号。这为我们考察当时的印制提供了实物依据。

此外，西藏发现的印章中，有一部分是分授给各寺院宗教领袖的印章，这些宗教领袖也就是当地的首领，掌握着该地的政教大权。这类印章形制大小各异，都具有明显的宗教意识。如三方"噶玛巴印"，印的中间是藏文，下边刻莲瓣或刻光焰，上方中间刻有三个圆圈，象征"宝贝"，左右两角的圆圈代表日月二轮。这些都是按照佛教的要求刻制的。

西藏自治区文管会将历年来征集到的数百方官私印章汇编成《西藏历代藏印》出版[28]，其中有不少是属于藏族自制印，这为进一步研究西藏地区的藏族印章打下了深厚的基础。

（三）宗教印

出土和传世的历代印章中还有一些属于宗教用印。

目前所见最早的与宗教用途有关的印，是天津艺术博物馆收藏的"左礜桃支"（图五九，1，《征》0061）蛇钮铜印。曾有学者提出，此当为汉代的道教用印[29]。实际上这是一方秦官印，相同的印文，见于1995年于陕西西安市北郊相家巷出土的秦封泥[30]，同地所出的秦封泥中，还有"左礜桃丞"（图五九，2）和"右礜桃丞"印文[31]。结合印章、封泥来看，"左礜桃丞"、"右礜桃丞"应为"左（右）礜桃支丞"之省。《说文》谓："礜，毒石也，出汉中。"礜石就是今天的砷黄铁矿，又叫毒砂，是一种含砷的有毒矿物。甘肃武威出土的汉代医简86简甲治"□大风"方所用药有"雄黄、丹沙、礜石"。《神农本草经》称礜石"味辛，大热，主寒热，鼠瘘，蚀疮，死肌，风痹，腹中坚，癖邪气"。"桃支"即"桃枝"，古人以为可以祛邪，也被用来当作驱鬼之物。《艺文类聚》引《庄子》佚文谓："插桃枝于户，运灰其下，童子入不畏，而鬼畏之。"湖北云梦睡虎地出土秦简《日书》872反面也说："是□鬼居之，取桃枱……"可知礜、桃的用途均是与祈禳祛邪去毒害有关[32]，而这几方秦官印的作用和当时管理的方术事务有关。从严格意义上说，这还不能算是宗教用印。

西汉初期，统治者提倡黄老之学，在此影响下后来出现了道教。随着道教的创立和民间传道的流行，道教印章也开始出现。虽然最早出现的年代目前还不清楚，但道教在东汉时期特别兴盛这一点却是可以肯定的。考古发现最早的印章实物，是于陕西宝鸡阳平汉代遗址出土的一方"天帝使者"（图五九，3）龟钮铜印，与一般汉官印形制相同，印出于一陶罐内，同出有五铢钱，或属禁厌不祥所埋[33]。此外，1960年曾于江苏高邮邵家沟东汉遗址内出土"天帝使者"封泥一方，同出有一木牍，上书劾鬼文："乙巳日死者鬼名为天光，天帝神师已知

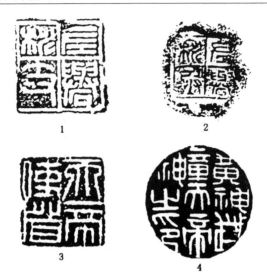

图五九　宗教印（一）

1．"左馨桃支"　　2．"左馨桃丞"
3．"天帝使者"　　4．"黄神越章天帝神之印"

汝名，疾去三千里，汝不即去，南山纷□令来食汝。急如律令。"上面并画有道教符箓[34]。可知这方封泥本是用来封缄这枚木牍的。传世的"黄神越章"、"黄神越章天帝神之印"（图五九，4）、"黄神使者印章"、"天帝之印"、"天帝神师"、"天帝使者"、"天帝杀鬼之印"等印[35]，就是这方面的印章。这类印章的使用往往与方术有关，古人相信它具有辟邪厌劾的作用。晋人葛洪在《抱朴子·登陟》中谓："或问：'为道者多在山林，山林多虎狼之害也，何以辟之？'抱朴子曰：'古之人入山者，皆佩黄神越章之印，其广四寸，其字一百二十。以封泥著所往之四方各百步，则虎狼不敢近其内也。'"又谓："若有山川社庙血食恶神能作福祸者，以印封泥，断其道路，则不复能神矣。"其用途已经说得很清楚了。

1966 年于江苏镇江丹徒焦家湾东晋晚期墓葬中出土一方道教六面铜印，方直钮，印面边长 2 厘米。六面印文皆阴刻篆书，正面为"南帝三郎"，前侧面为"三五将君"，后侧面为"东治三师"，左侧面为"大一三府"，右侧面为"□□王氏"，钮顶面为"民侨"（图六〇，1）[36]。据研究，印文"东治三师"之治是道教宫观的最早形式，"东治三师"是指东治这一传道中心的经、籍、度三师；"三五将君"即"三五将军"，是和两晋南朝时流行的"三五禁书"有关；"大一三府"即"太一三府"，是太一神的官署臣吏；"南帝三郎"则为南方赤帝的侍卫[37]。这是历年考古发掘中难得的一方内容丰富的道教徒用印。

随着道教的进一步发展，后来又出现了所谓的法印。早期的道教法印中，有一方"阳平治都功印"印，为历代天师系一派所用，该印曾在宋代被士大夫视为"贼物"加以毁禁。现藏江西省博物馆的一方"阳平治都功印"狮钮玉印，原为龙虎山天师道历代相传的法印，乃是宋代之后重刻[38]。传世的"道经师宝"[39]、"北极驱邪院印"等印，也是道教法印。1999 年于黑龙江哈尔滨发现一方金代的"北极驱邪□□院印"陶质印，印面边长 5.5 厘米，背款"上京文祥院，拾伍日暂作用之，大定四年"[40]。明以前的道教法印本来出土就很少，此印用陶制更是罕见，而且更重要的是还刻有金代大定年款，弥足珍贵。1990 年于新疆博乐达勒特古城出土一方"道经师三宝印"印，印为石质，印面长 5 厘米，宽 4.9 厘米，时代约在元末以前[41]。"道经师三宝"指道宝、太上经宝、大法师宝，即

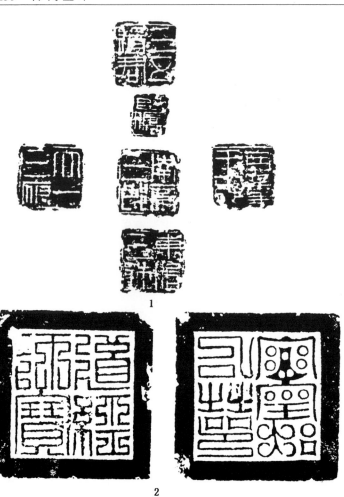

图六〇 宗教印（二）
1.道教六面铜印 2."道经师宝"、"雷霆司之印"

道教的三宝。据《道教义枢》卷一载，道教徒皈依道教，必须信奉三宝，且每于持诵经赞仪式中宣念至心朝礼"三宝"。此与佛教徒皈依佛、法、僧三宝相类似。1989 年于湖北武当山剑河畔出土一方端石两面印，印面长 6.2 厘米，宽 6.1 厘米，印文分别为"道经师宝"、"雷霆司之印"（图六〇，2）。后者印文参入道教符箓，颇有特色。经初步考证，为元代之印[42]。相同印文的"雷霆司之印"印，于江西德兴三清山[43]、辽宁沈阳[44]、四川岳池[45]也有发现。后三印均为铜质，其时代约在元、明时期。1985 年又于四川简阳海螺出土一方明代的"道经师宝"铜印，印面长 6.5 厘米，宽 6.3 厘米，背款"正德三年，老天□□□"[46]。

1982 年于内蒙古巴林右旗索博日嘎苏木的辽代庆州古城遗址发现一方石印，系用白色巴林石制成，扁平无钮，印面边长 7.2 厘米，印文为道教符箓，印背作盝顶式，中刻"上"字。同时发现的还有一块铜牌，一面为模铸的阳文虎形图案和道教符箓，另一面为镌刻的阴文契丹大字咒语[47]。契丹族原来崇信巫教，建立辽国后因巩固政权需要，儒释道教亦有流行，但辽代的道教文物尚属首次发现。

对道教法印，曾有学者作过专门研究[48]。

佛教约在西汉晚期开始传入我国中原地区，东汉初期在统治阶级上层中流传，经魏晋南北朝的发展，到隋唐时遂成为带有中国特色的一大宗教。出土和传世的历代印章中，也有一些与佛教有关。例如甘肃敦煌出土的唐代写经上，一卷《大般若波罗密经》的卷尾钤有"报恩寺藏经印"（图六一，1）；一卷中唐写本《法华经玄赞》上钤有"瓜沙州大坚（经）印"（图六一，2）[49]。浙江省博物馆收藏的敦煌唐写经上，也多处发现钤有相同的"瓜沙州大经印"[50]。这些印章是当时的寺院专门用来钤盖在抄写的佛经上的。

　　1963 年于内蒙古昭乌达盟（今赤峰市）辽上京皇城内出土"佛法僧三宝园通之印"玉印，印面边长 3.5 厘米；1971 年又于该盟赤峰太平地辽高州城内出土"佛法僧所宝记"铜印，印面边长 5.4 厘米[51]。这两印均是辽代的法僧印。所谓"三宝"，是指佛宝、法宝、僧宝，佛即释迦牟尼，法即佛经，僧即僧众。江西吉安雪山寺遗址曾出土一方"佛法僧宝"（图六一，3）铜印，即是"三宝"印，现藏吉安市博物馆。该印印面边长 5.5 厘米，背刻"上"字。此印出土地点系禅宗四祖道信出家的道场，故此印应为雪山寺所用之印。该寺毁于明代，根据此印的质地特点和纹饰工艺，应属北宋时代铸造[52]。1987 年又于吉安市城北赣江之滨出土一方"佛法僧宝"铜印，也被定为宋印[53]。江苏省镇江博物馆也征集到明代的"佛法僧宝"铜印[54]。这类印章是佛教信徒钤于道场疏（即佛教徒做道场而拜忏祈祷时所书写之"文疏"）及"曹官牒"（即代还受生经）上的重要印信。此外，镇江博物馆还藏有一方"幽冥教主救苦之印"印，边长 8.5 厘米，背款"佛光普照"，钮顶刻"佛"字，侧款"京口九华山吉祥阁，大明万历庚午年立"，原为明代镇江九华山地藏寺吉祥阁的佛教用印[55]。

　　中土民间崇拜地方神祇，往往也建立庙宇，这些庙宇或也有印。1983 年于四川合川城关基建工地出土"普泽庙印"（图六一，4）杙钮铜印，印面长 6.7 厘米，宽 6.4 厘米，出土时铜印置于盝顶形铜印盒中。据印文特点，结合同出其他器物以及文献记载综合分析可知，这是宋代的普泽庙印，庙中奉祀的神祇为唐代大历中"合川刺史兼渝、合、资、泸等州经略巡抚

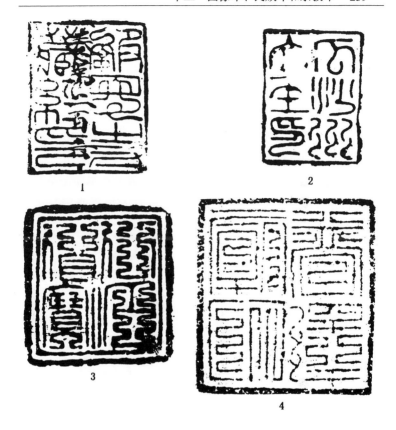

图六一 宗教印（三）

1."报恩寺藏经印" 2."瓜沙州大坚（经）印"

3."佛法僧宝" 4."普泽庙印"

使"赵延之[56]。此外，近年于福建莆田湄州妈祖庙附近出土一方铜印，重达1公斤，印面边长10厘米，印文篆书"湄州祖庙，天上圣母，护国庇民，灵宝符笈"。印文四周分别刻有"敕封"字样和海浪、双龙图案。背款"敕赐灵宝秦公金印"，篆书。据考证，这方铜印是清代道光年间铸造的，是妈祖庙珍品之一[57]。妈祖又称"天后娘娘"，是东南沿海一带居民（尤其是渔民）的保护神。这类印章，传世及出土不多。

在基督教传入中国的同时，也带入了一种基督教用以区别不同派别的徽章，曾被当作印章使用。这类印章过去往往被视为图像印或押印，如罗福颐主编的《故宫博物院藏印选》选入此类印章两方（图六二，1、2），其目录中就标明"卍字押"[58]。传世品中有不少这类印章，如《尊古斋玺印集林》一书就收录了一批，陕西绥德县博物馆也有不少收藏（图六二，

图六二　宗教印（四）

1、2、3、4、5. 基督教印章

3、4、5)[59]。这些印章均为铜质，形式较特殊，印面镂空，钮式多为半环钮。由于出土情况不明，所以其具体时代至今尚难确定。

注　释

[1] 沙孟海《印学史》，西泠印社 1987 年版。

[2] 关松房《对〈略谈肖形印〉的一点商榷》，《文物》1958 年第 5 期；何广键《〈略谈肖形印〉读后》，《文物》1958 年第 12 期。

[3]《文物》1958 年第 12 期。

[4] 叶其峰《故宫博物院藏肖形印述略》，载《故宫博物院藏肖形印选》，人民美术出版社 1984 年版。

[5] 罗红侠等《试论周原遗址出土的西周玺印》，《文物》1995 年第 12 期。

[6] 黄盛璋《有关肖形印的几个问题》，《中国文物报》1988 年 10 月 28 日。

[7] 湖北省荆州地区博物馆《江陵天星观 1 号楚墓》，《考古学报》1982 年第 1 期；湖北省荆沙铁路考古队《包山楚墓》，文物出版社 1991 年版。

[8] 王珍仁等《新疆出土的肖形印介绍》，《文物》1999 年第 3 期。

[9] 上海书画出版社 1983 年版。

[10] 康殷《古图形玺印汇》，河北美术出版社 1983 年版；康殷《古图形玺印汇续集》，河北美术出版社 1991 年版。

[11] 豫川《巴蜀符号印章的初步研究》，《文物》1987 年第 10 期。

[12] 刘瑛《巴蜀兵器及其纹饰符号》，《文物资料丛刊》第 7 辑，文物出版社 1983 年版。

[13] 杨文成《四川宝兴出土巴蜀符号印等文物》，《文物》1998 年第 10 期。

[14] 王人聪《记九方珍贵的巴蜀符号印》，《故宫博物院院刊》1996 年第 4 期。

[15] 同 [11]。

[16] 童恩正《古代的巴蜀》，四川人民出版社 1974 年版。

[17] 李学勤《东周与秦代文明》第 169 页，文物出版社 1984 年版。

[18] 李江、杨剑《由什邡战国船棺葬墓群略谈相关一些问题》，1994 年先秦史暨巴蜀文化国际学术讨论会论文。

[19] 郑绪滔《什邡船棺葬出土一枚"十方雄王"印章》，《四川文物》1994 年第 5

期。

[20] 钱玉趾《什邡船棺葬出土方形王印考》，《文物》1996 年第 10 期。

[21] 四川省博物馆、新都县文物管理所《四川新都战国木椁墓》，《文物》1981 年第 6 期。

[22] 同［11］。

[23] 萧明华《云南少数民族官印集》，云南人民出版社 1989 年版；萧高红《中国历代玺印精品博览》第 215～218 页，江西人民出版社 1995 年版；陈正强《云南少数民族官印的历史意义和审美作用》，《中央民族学院学报》1992 年第 3 期。

[24] 孙群《管堂狼印》，《中国文物报》1989 年 8 月 4 日。

[25] 欧朝贵等《西藏历代藏印·序言》，西藏人民出版社 1991 年版。

[26] 《资治通鉴》卷二百六十六。

[27] 《旧唐书》卷十三。

[28] 同［25］。

[29] 刘钊《说汉"左魋桃支"印》，《文物天地》1994 年第 6 期。

[30] 《秦封泥欣赏》，《收藏》1997 年第 6 期。

[31] 周晓陆等《秦代封泥的重大发现》，《考古与文物》1997 年第 1 期。

[32] 同［29］；王辉《秦文字集证》第 253 页，台北艺文印书馆 1999 年版。

[33] 阎宏斌《宝鸡县出土"天帝使者"铜印》，《文博》1991 年第 3 期。

[34] 江苏省文物管理委员会《江苏高邮邵家沟汉代遗址的清理》，《考古》1960 年第 10 期。

[35] 陈介祺《十钟山房印谱》；方清霖《集古官印谱》；罗福颐《待时轩印存》。

[36] 肖梦龙等《镇江博物馆藏古代铜印》，《文物》1983 年第 8 期；刘建国《镇江东晋墓》，《文物资料丛刊》第 8 辑，文物出版社 1983 年版。

[37] 刘昭瑞《"东治三师"、"三五将君"、"大一三府"、"南帝三郎"考》，《考古》1995 年第 5 期。

[38] 江西省博物馆馆藏资料。

[39] 罗福颐《古玺印概论》第 37 页，文物出版社 1982 年版。印文原误释为"道统法宝"。

[40] 孙家潭《一方陶质道家用印》，《西泠艺报》第 168 期，1999 年 12 月 25 日。

[41] 韩雪昆《新疆达勒特古城发现道教古印》，《中国文物报》1990 年 12 月 6 日。

[42] 李峻《罕见的道家古印偶然出土》，《中国文物报》1989 年 3 月 10 日。

[43] 孙以刚《江南道教胜地三清山出土道家古印》，《东南文化》1992 年第 3、4 期合刊。

[44]《辽海文物学刊》1992 年第 1 期。

[45]《四川文物》1994 年第 5 期。

[46] 方建国《简阳出土明代铜印》，《四川文物》1988 年第 6 期。

[47] 韩仁信《内蒙古巴林右旗出土契丹大字铜符牌和石质道教符印》，《考古》1999 年第 6 期。

[48] 王育成《中国古代道教法印研究》，《中国历史博物馆馆刊》1993 年第 2 期。

[49] 同 [39]，第 77 页。

[50] 浙江省博物馆馆藏资料。

[51] 项春松《内蒙古昭乌达盟发现的一批古印资料》，《文物》1983 年第 8 期。

[52] 康信立《江西吉安发现的北宋佛家古印》，《江西文物》1989 年第 1 期。

[53]《中国文物报》1988 年 4 月 1 日。

[54] 肖梦龙等《镇江博物馆藏古代铜印》，《文物》1983 年第 8 期。

[55] 同 [54]。

[56] 刘豫川《合川出土的宋"普泽庙印"及其相关问题》，《四川文物》1987 年第 4 期。

[57]《福建莆田湄州妈祖庙发现清代铜印》，《文物天地》1985 年第 6 期。

[58] 萧高红主编《中国历代玺印精品博览》第 512 页，江西人民出版社 1995 年版。

[59] 王翰章等《绥德县博物馆藏印选》，《文博》1990 年第 3 期。

参 考 书 目

1.王国维《观堂集林》，中华书局 1959 年版。

2.罗福颐、王人聪《印章概述》，三联书店 1963 年版。

3.那志良《鉨印通释》，台北商务印书馆 1970 年版。

4.钱君匋、叶潞渊《中国鉨印源流》，（香港）上海书局有限公司 1974 年版。

5.《天津艺术博物馆藏古玺印选》，文物出版社 1977 年版。

6.上海博物馆《上海博物馆藏印选》，上海书画出版社 1979 年版。

8.唐兰《中国文字学》，上海古籍出版社 1979 年版。

9.黑龙江文物考古工作队《黑龙江古代官印集》，黑龙江人民出版社 1981 年版。

10.罗福颐《古玺汇编》，文物出版社 1981 年版。

11.罗福颐《古玺印概论》，文物出版社 1982 年版。

12.罗福颐主编《故宫博物院藏古玺印选》，文物出版社 1982 年版。

13.罗福颐《西夏官印汇考》，宁夏人民出版社 1982 年版。

14.王人聪《新出历代玺印集录》，香港中文大学文物馆专刊，1982 年。

15.王伯敏《古肖形印臆释》，上海书画出版社 1983 年版。

16.康殷《古图形玺印汇》，河北美术出版社 1983 年版。

17.李学勤《东周与秦代文明》，文物出版社 1984 年版。

18.叶其峰《故宫博物院藏肖形印选》，人民美术出版社 1984 年版。

19.《周叔弢先生捐献玺印选》，天津人民美术出版社 1984 年版。

20．王献唐《五镫精舍印话》，齐鲁书社 1985 年版。

21．林素清《篆刻》，台湾幼狮文化事业公司 1986 年版。

22．罗福颐《秦汉南北朝官印征存》，文物出版社 1987 年版。

23．高明《中国古文字学通论》，文物出版社 1987 年版。

24．《吉林大学藏古玺印选》，文物出版社 1987 年版。

25．王人聪《新出历代玺印集释》，香港中文大学文物馆专刊，1987年。

26．沙孟海《印学史》，西泠印社 1987 年版。

27．裘锡圭《文字学概要》，商务印书馆 1988 年版。

28．何琳仪《战国文字通论》，中华书局 1989 年版。

29．萧明华《云南少数民族官印集》，云南民族出版社 1989 年版。

30．高明《古陶文汇编》，中华书局 1990 年版。

31．王人聪《秦汉魏晋南北朝官印研究》，香港中文大学文物馆专刊，1990 年。

32．湖南省博物馆《湖南省博物馆藏古玺印集》，上海书店 1991 年版。

33．景爱《金代官印集》，文物出版社 1991 年版。

34．康殷《古图形玺印汇续集》，河北美术出版社 1991 年版。

35．欧朝贵等《西藏历代藏印》，西藏人民出版社 1991 年版。

36．陈松长《玺印鉴赏》，漓江出版社 1993 年版。

37．孙慰祖《古封泥集成》，上海书店 1994 年版。

38．曹锦炎主编《黄宾虹古玺印释文选》，上海书画出版社 1995 年版。

39．萧高红主编《中国历代玺印精品博览》，江西人民出版社 1995 年版。

40．张锡瑛《中国古代玺印》，地质出版社 1995 年版。

41．曹锦炎《古玺通论》，上海书画出版社 1996 年版。

42．王廷洽《中国印章史》，华东师范大学出版社 1996 年版。

43．叶其峰《古玺印与古玺印鉴定》，文物出版社 1997 年版。

44. 孙慰祖《孙慰祖论印文稿》，上海书店出版社 1999 年版。

45. 王辉《秦文字集证》，台北艺文印书馆 1999 年版。

46. 周晓陆、路东之《秦封泥集》，三秦出版社 2000 年版。

后　记

　　中国古代玺印，涵有种种官名、地名、人名，从而具有多方面的学术价值，是研究古代官制、历史地理、姓氏谱系及民族关系的第一手资料，历来受研究者所重视。传世和出土的历代玺印实物，又是书法、雕刻及冶铸相结合的工艺美术品，自然得到人们的青睐，其在中国美术史上的价值也是不言而喻的。特别是明清流派印章，更使篆刻发展成一门独立的艺术，以至敢与毛笔所建立的中国传统书法文化分庭抗礼。至于铸刻于方寸之间的玺印文字，尤其是先秦、两汉玺印文字，更是研究中国古文字和汉字形体演变的一份十分重要的宝贵资料。

　　对中国古代玺印的研究，是传统金石学的一个重要分支。早在宋代，就已有学者加以搜集、著录。明清时期，出版的印谱也不在少数。但是真正对中国古代玺印开展研究，却是清季的事情。伴随着近代考古学由西方引入，经过一个世纪的漫长历程，中国古代玺印的研究，已逐渐摆脱传统金石学的樊篱，成为文物学的一个分支。无数次惊人的田野考古发现，常常使古代玺印研究重大课题中的症结获得突破性的解决，如中国玺印的起源，战国古玺的分国，秦封泥的确认，西汉诸侯王国官印的颁、铸，唐官印的识别等等。可以说，将中国古代玺印作为一门学问加以发扬光大，实际上是 20 世纪的功绩。因此，对 20 世纪中国古代玺印的发现和研究，作一次世纪性的回顾和总结，是一种十分有意义的事。有鉴于斯，面对这套丛书主编的约稿，我欣然从命。

十年前，我曾专门就中国古代玺印中的古玺部分写过一本通论性的小书，其上编部分的写作思路与本丛书的宗旨相类似。在征求了一些师友的意见后，决定在原来基础上将一些章节改写，重点补充了最近十年的考古新发现和研究成果，用入本书。为了使读者对中国古代玺印获得更多的信息量，除了重点综述新发现和研究成果外，还用一定的篇幅将历代玺印的一些特点和常识性内容加以介绍，力求深入浅出，并配置较多的印拓，便于更加直观了解。鉴于自元代文人印出现后，至明清时期流派印章蔚然成风，把玺印从实用的凭信转变为一种具有很高欣赏价值的艺术品，使之成为篆刻艺术而蓬勃发展，这方面的内容因与丛书编辑宗旨有违而在本书中不再加以叙述。这些，在此需要一并加以说明。

因篇幅与体例的关系，中国古代玺印的许多问题无法在本书中展开详细的讨论，在综述新发现和研究成果时，难免也会有遗漏的地方。限于我的学识，书中容有失误之处，希望读者不吝指正。

作者

2000 年 10 月于杭州假山新村

图书在版编目（CIP）数据

古代玺印/曹锦炎著. --北京：文物出版社，2002.7
（2023.9重印）

（20世纪中国文物考古发现与研究丛书）

ISBN 978-7-5010-1317-3

Ⅰ.古… Ⅱ.曹… Ⅲ.古印（考古）－研究－中国
Ⅳ.K877.64

中国版本图书馆CIP数据核字（2001）第016219号

20世纪中国文物考古发现与研究丛书

古代玺印

著　　者	曹锦炎	
封面设计	张希广	
责任印制	张道奇	
责任编辑	窦旭耀	
出版发行	文物出版社	
社　　址	北京市东城区东直门内北小街2号楼	
网　　址	http：//www.wenwu.com	
印　　刷	文物出版社印刷厂有限公司	
开　　本	850mm×1168mm　　1/32	
印　　张	8.5	
版　　次	2002年7月第1版	
印　　次	2023年9月第4次印刷	
书　　号	ISBN 978-7-5010-1317-3	
定　　价	40.00元